中国社会科学院国情调研特大项目"精准扶贫精准脱贫百村调研"

精准扶贫精准脱贫百村调研丛书

CASE STUDIES OF TARGETED POVERTY REDUCTION AND
ALLEVIATION IN 100 VILLAGES

李培林／主编

精准扶贫精准脱贫
百村调研·广福村卷

利益相关者视角的分析

陈秋红　粟后发　王书柏／著

社会科学文献出版社

SOCIAL SCIENCES ACADEMIC PRESS (CHINA)

中国社会科学院国情调研特大项目
"精准扶贫精准脱贫百村调研"
项目协调办公室

主　任：王子豪

成　员：檀学文　刁鹏飞　闫　珺　田　甜　曲海燕

总　序

　　调查研究是党的优良传统和作风。在党中央领导下，中国社会科学院一贯秉持理论联系实际的学风，并具有开展国情调研的深厚传统。1988 年，中国社会科学院与全国社会科学界一起开展了百县市经济社会调查，并被列为"七五"和"八五"国家哲学社会科学重点课题，出版了《中国国情丛书——百县市经济社会调查》。1998 年，国情调研视野从中观走向微观，由国家社科基金批准百村经济社会调查"九五"重点项目，出版了《中国国情丛书——百村经济社会调查》。2006 年，中国社会科学院全面启动国情调研工作，先后组织实施了 1000 余项国情调研项目，与地方合作设立院级国情调研基地 12 个、所级国情调研基地 59 个。国情调研很好地践行了理论联系实际、实践是检验真理的唯一标准的马克思主义认识论和学风，为发挥中国社会科学院思想库和智囊团作用做出了重要贡献。

　　党的十八大以来，在全面建成小康社会目标指引下，中央提出了到 2020 年实现我国现行标准下农村贫困人口脱贫、贫困县全部"摘帽"、解决区域性整体贫困的脱贫攻坚目标。中国的减贫成就举世瞩目,如此宏大的脱贫目标世所罕见。到2020年实现全面精准脱贫是党的十九大提出的三大攻坚战之一,是重大的社会目标和政治任务,中国的贫困地区在此期间也将发生翻天覆地的变化,而变化的过程注定不会一帆风顺或云淡风轻。记录这个伟大的过程,总结解决这个世界性难题的经验,为完成这个攻坚战献计献策,是社会科学工作者应有的责任担当。

2016年,中国社会科学院根据中央做出的"打赢脱贫攻坚战"战略部署,决定设立"精准扶贫精准脱贫百村调研"国情调研特大项目,集中优势人力、物力,以精准扶贫为主题,集中两年时间,开展贫困村百村调研。"精准扶贫精准脱贫百村调研"是中国社会科学院国情调研重大工程,有统一的样本村选择标准和广泛的地域分布,有明确的调研目标和统一的调研进度安排。调研的104个样本村,西部、中部和东部地区的比例分别为57%、27%和16%,对民族地区、边境地区、片区、深度贫困地区都有专门的考虑,有望对全国贫困村有基本的代表性,对当前中国农村贫困状况和减贫、发展状况有一个横断面式的全景展示。

在以习近平同志为核心的党中央坚强领导下,党的十八大以来的中国特色社会主义实践引导中国进入中国特色社会主义新时代,我国经济社会格局正在发生深刻变化,脱贫攻坚行动顺利推进,每年实现贫困人口脱贫1000多万人,贫困人口从2012年的9899万人减少到2017年的3046万人,在较短时间内实现了贫困村面貌的巨大改观。中国社会科学院组建了一百支调研团队，动员了不少于500名科研人员的调研队伍，付出了不少于3000个工作日，用脚步、笔尖和镜头记录了百余个贫困村在近年来发生的巨大变化。

根据规划，每个贫困村子课题组不仅要为总课题组提供数据，还要撰写和出版村庄调研报告，这就是呈现在读者面前的"精准扶贫精准脱贫百村调研丛书"。为了达到了解国情的基本目的，总课题组拟定了调研提纲和问卷，要求各村调研都要执行基本的"规定动作"和因村而异的"自选动作"，了解和写出每个村的特色，写出脱贫路上的风采以及荆棘！对每部报告我们都组织了专家评审，由作者根据修改意见进行修改，直到达到出版要求。我们希望，这套丛书的出版能为脱贫攻坚大业写下浓重的一笔。

中共十九大的胜利召开，确立习近平新时代中国特色社会主义思想作为各项工作的指导思想，宣告中国特色社会主义进入新时代，中央做出了社会主要矛盾转化的重大判断。从现在起到2020年，既是全面建成小康社会的决胜期，也是迈向第二个百年奋斗目标的历史交会期。在此期间，国家强调坚决打好防范化解重大风险、精准脱贫、污染防治三大攻坚战。2018年春节前夕，习近平总书记到深度贫困的四川凉山地区考察，就打好精准脱贫攻坚战提出八条要求，并通过脱贫攻坚三年行动计划加以推进。与此同时，为应对我国乡村发展不平衡不充分尤其突出的问题，国家适时启动了乡村振兴战略，要求到2020年乡村振兴取得重要进展，做好实施乡村振兴战略与打好精准脱贫攻坚战的有机衔接。通过调研，我们也发现，很多地方已经在实际工作中将脱贫攻坚与美丽乡村建设、城乡发展一体化结合在一起开展。可以预见，贫困地区的脱贫攻坚将不再只局限于贫困户脱贫，我们有充分的信心从贫困村发展看到乡村振兴的曙光和未来。

是为序！

全国人民代表大会社会建设委员会副主任委员

中国社会科学院副院长、学部委员

2018 年 10 月

前　言

　　脱贫攻坚目前已成为全党、全社会的统一意志和共同行动，在近 5 年取得了决定性进展。不过，现实中农村贫困问题复杂，贫困治理政策执行在农村基层的实践面貌多样。在我国大多数农村地区，行政村既是基本治理单元，也是落实扶贫政策的基层群众性自治单位，在行政村这一层级对精准扶贫、精准脱贫展开研究，具有重要的现实意义和必要性。笔者借 2016 年中国社会科学院组织国情调研特大项目"精准扶贫精准脱贫百村调研"之机，以广西壮族自治区桂林市全州县大西江镇广福村这一贫困村为研究对象，申请立项开展研究，以期从中总结当前精准扶贫和精准脱贫的经验，探索其中的问题和解决之道，从而为村庄层面的扶贫脱贫事业贡献智慧。

　　精准扶贫政策的实施，涉及多个行为主体，不同行为主体和不同层级政策执行者有着不同利益诉求与行动逻辑，其行动场域又蕴含着丰富的乡土文化。笔者认为，没能处理好相关利益者之间的关系，是中国农村贫困治理中所存问题形成的根本原因之一。不过，现有相关研究大多没能深入刻画各类利益相关者之间的利益关系及其在农村基层扶贫中的互动过程；少数考虑了利益相关者及其互动的研究又缺乏经验材料与案例支持。鉴于此，本书结合乡村现实场域，从微观角度分析各利益相关者在基层扶贫实践中的关系和互动，研究基层不同层次利益相关者——县政府、乡镇政府、村委会及村民在扶贫和脱贫中的认知、行为及其背后的原因，分析他们在其中的摩擦表现与调适行动，进而为构建他们在脱贫攻坚中的行为协调机制、促进村庄发展提出建议。

本书的整个研究过程主要包括组织调查和开展研究两大阶段。为充分获得调查数据和研究资料，课题组分别于2016 年 11 月、2017 年 1 月和 2017 年 7 ~ 8 月组织了三次调查。第一次调查填写了行政村问卷，对广福村进行了摸底调查，并向大西江镇政府扶贫部门初步了解了相关情况。第二次调查包括两项工作：一是采用分层随机方式在建档立卡贫困户和非贫困户中各随机抽取 30 户展开农户调查；二是与大西江镇政府相关工作人员进行座谈，了解全镇的经济社会发展状况、贫困状况、扶贫举措与效果、脱贫状况等。第三次调查包括：①与全州县相关部门进行座谈并进行走访，了解有关情况，收集相关资料；②与大西江镇相关部门工作人员座谈，补充调查该镇和广福村在贫困、扶贫、脱贫等方面的有关情况，并走访有关部门收集资料；③与村委会成员进行座谈，并对典型贫困户和非贫困户进行入户访谈。调查形成了十多万字的访谈笔记和座谈记录，为本书研究提供了第一手的翔实资料。

本书循着"贫困—扶贫—脱贫"的总体逻辑，并从利益相关者这一视角来展开分析。具体来说，本书包括六章，按照"引题—析题—结题"的进路展开。引题部分为第一章；作为这一研究的主体，析题部分包括第二章至第五章；结题部分为第六章。本书发现，通过在村庄层面加强道路、饮水工程建设和电网改造等，在农户层面推动特色产业发展、开展危房改造、给予扶贫小额信贷支持、进行教育扶贫和结对帮扶等，广福村的贫困治理状况取得了较明显的效果，绝大部分贫困户的收入有了提高，按照收入标准实现了脱贫。而在基层农村社会贫困对象识别、贫困扶助和脱贫认定这一系列过程中，包括县级政府、乡镇政府、村庄自治组织（村两委）和村干部、村民等在内的利益相关者对扶贫治理相关方面形成了不同的认知和评价，基于不同的行动逻辑承担着不同角色，并内在地体现着彼此之间的摩擦与调适：县、乡（镇）之间存在财权管理者与事权承担者的摩擦，县、村之间表现出资源分配者与资源竞取者的摩擦，政府与村民之间有着政策制定者与政策接受者的摩擦，面临着双重行动逻辑的村干部则承受着同时作为政府代理人与村庄当家人的摩擦。从利益相关者视角看，目前基层贫困治理中还存在不同利益相关者间的关系失调、扶贫主体过于单一、实现内生发展的资源与机制缺乏等问题。为进一步推进农村扶贫和脱贫进展，有必要构建和完善贫困治理利益相关者的沟通与协调机制，以市场思维和市场机制推进贫困治理，并构建以扶贫对象为主体、多元共治的贫困治理机制。

目　录

// 001　第一章　引　言

/ 003　第一节　背景与问题

/ 011　第二节　文献综述与理论分析

/ 026　第三节　研究设计

// 031　第二章　研究区域概述和贫困治理整体状况

/ 033　第一节　全州县概述及其贫困、扶贫状况

/ 049　第二节　大西江镇概述及其贫困、扶贫状况

// 059　第三章　村庄贫困与精准识别

/ 061　第一节　广福村基本情况

/ 064　第二节　广福村贫困的历史演进

/ 069　第三节　广福村的发展现状

/ 085　第四节　广福村的贫困成因

/ 095　第五节　广福村扶贫对象的精准识别过程

// 099　第四章　村庄扶贫状况与行动主体间的摩擦
　　　　　　　和调试

/ 102　第一节　扶贫的内涵

/ 103　第二节　广福村的主要扶贫项目和措施

/ 118　第三节　扶贫政策和项目的落地过程

/ 135　第四节　行动主体在扶贫过程中的摩擦

// 155　第五章　村庄脱贫状况与利益相关者的评价

/ 158　第一节　广福村的脱贫现状

/ 172　第二节　脱贫认定与脱贫指标的分配

/ 175　第三节　利益相关者对脱贫的理解和评价

// 189　第六章　村庄贫困治理中存在的问题与对策建议

/ 191　第一节　从利益相关者视角评价广福村的贫困治
　　　　　　　理状况

/ 193　第二节　广福村贫困治理中存在的问题

/ 205　第三节　进一步的发展策略

/ 209　参考文献

/ 221　后　记

第一章

引　言

第一节　背景与问题

　　推进精准扶贫，消除贫困人口，是实现全面建成小康社会、实现中华民族伟大复兴的中国梦的重要保障。党的十九大报告中，习近平总书记指出：让贫困人口和贫困地区同全国一道进入全面小康社会是我们党的庄严承诺。确保到 2020 年我国现行标准下农村贫困人口实现脱贫，贫困县全部摘帽，解决区域性整体贫困，做到脱真贫、真脱贫。[①] 为促进扶贫攻坚任务的全面完成，国家采取了一系列政策措施推进扶贫工作。

---

　　① 《打好决胜小康三大攻坚战》，http://cpc.people.com.cn/19th/n1/2017/1024/c414305-29605365.html。

一　农村贫困治理政策的发展

改革开放以来，中国贫困治理体系和政策呈阶段性演进特征，国家根据减贫形势变化不断完善贫困治理体系，实现了中国贫困人口的持续减少，使中国提前达成了联合国提出的贫困人口减半目标，成为全球贫困治理的重要典范。

改革开放初期，中国实施以体制改革促减贫为主、贫困救济为辅的贫困治理政策体系。到 20 世纪 80 年代中期，经济体制改革的重心逐渐转向城市。农村体制改革在减少贫困人群方面的作用越来越小。原有的贫困治理体系与结构面临着严重挑战。于是，在 20 世纪 80 年代末，国家在贫困治理方面进行了一系列的制度创新，逐步建立起以公共治理为主体的开发式扶贫治理体系。

进入 21 世纪，经过 10 年快速的经济发展，中国的贫困人口总数进一步得到控制，农民温饱问题总体上得到解决。但是，扶贫任务依旧艰巨，贫困治理依旧存在多方面的困难：第一，由于中国人口基数大，贫困人口总量依旧很大；第二，由于农民的就业缺乏现实保障，生活水平维持在标准线左右的农民很容易因为突发事件成为贫困人口或再次成为贫困人口；第三，伴随市场经济的发展，大规模的人口由乡村流动到城市，相对贫困问题日益尖锐；第四，贫困人口定位不够精确，贫困人群的选择缺乏科学性、公正性，导致大量贫困人口难以获得国家的专项资金，这不仅增加了贫困户的相对贫困程度，还使民众的不满情绪增多。在这种情况下，中共中央、国务院印发了《中国农村扶贫开发纲要（2011—2020年）》，特别提出："到2020年，稳定实现扶贫对象不愁吃、不愁穿，保障其义务教育、基本医疗和住房。贫困地区农民人均纯收入增长幅度高于全国平均水平，基本公共服务主要领域指标接近全国平均水平，扭转发展差距扩大趋势。"

党的十八大以来，党和国家更加重视扶贫工作的落实。2013年11月，习近平在湘西考察时首次做出了"实事求是、因地制宜、分类指导、精准扶贫"的重要指示。2015年11月，中共中央《关于打赢脱贫攻坚战的决定》明确把精准扶贫提升为脱贫攻坚的指导原则，并指出："坚持精准扶贫，提高扶贫成效。扶贫开发贵在精准，重在精准，必须解决好扶持谁、谁来扶、怎么扶的问题，做到扶真贫、真扶贫、真脱贫，切实提高扶贫成果可持续性，让贫困人口有更多的获得感。"目前，中国特色社会主义已进入新时代，中国社会的主要矛盾已经转化为人民日益增长的美好生活需要和不平衡不充分的发展之间的矛盾。在新的历史条件下，如何落实扶贫工作，真正实现精准扶贫从而完成既定的扶贫目标是一项重大且关键的课题。深入了解当前精准扶贫的现实进程及其存在的问题极为关键。

二 农村贫困治理中存在的问题

习近平总书记在党的十九大报告中回顾过去5年以来的工作时说，脱贫攻坚战取得决定性进展，6000多万贫困人口稳定脱贫，贫困发生率从 10.2% 下降到 4% 以下。中国共产党创新性提出的精准扶贫政策，以每年减贫 1300 万人以上的成就，书写了人类反贫困斗争史上"最伟大的故事"，赢得了国际社会的高度赞誉。[①]《国务院关于脱贫攻坚工作情况的报告》显示，2013 ～ 2016 年，中国现行标准下的农村贫困人口由 9899 万人减少至 4335 万人，年均减少 1391 万人；农村贫困发生率由 10.2% 下降至 4.5%，年均下降 1.4 个百分点。[②]

同时，农村贫困治理中仍然存在不少问题，党的十九大报告对于扶贫工作中出现的问题尤其是弄虚作假、贪污受贿等违法违纪问题有着清醒的认识和科学的判断。除了考核评估、扶贫资金管理等方面存在问题外，在扶贫工作的开展过程中，精准扶贫还存在许多其他问题和困境。结合已有研究资料，这一部分从精准扶贫机制的四大核心内容——精准识别、精准帮扶、精准管理和精准考核来总结其中存在的问题。

（一）精准识别中的问题

精准识别是通过申请评议、公示公告、抽检核查、信息录入等步骤，将贫困人口和贫困村有效识别出来，并建档立卡。精准识别出贫困人口是扶贫工作最基本也是最关键的一环。但是，在扶贫过程中，这一环却出现了

---

① 《精准扶贫，中国书写最伟大故事》，http://news.xinhuanet.com/politics/2017-10/23/c_1121839801.htm。

② 《精准扶贫，中国书写最伟大故事——国际社会积极评价中国脱贫攻坚成果》，http://politics.people.com.cn/ n1/2017/ 1023/c1001-29602930.html。

多种问题。①对贫困户的排斥问题，包括规模排斥、区域排斥以及恶意排斥和过失排斥等[1]，贫困户识别机制缺乏贫困群体的参与。②以收入标准判断时民主评议中对贫困户的识别错误。例如，汪三贵、郭子豪对乌蒙山片区三个省的研究显示，2013 年，一共有 40% 的建档贫困户的家庭人均收入超过贫困线标准；而在非建档农户群体中，58% 的农户的家庭人均收入达不到贫困线水平[2]。③精英俘获问题。由于项目进入门槛高、配套资金落实难等，本应分配给贫困村或瞄准贫困人口的扶贫资源、项目、利益却被富裕村或村庄内的富裕精英群体获得，导致"精英俘获"现象不断产生[3]。④贫困户指标偏差和识别困难。由于贫困户规模是通过自上而下、逐级分解指标来确定的，各市、县、乡镇所获得的贫困村和贫困户指标与实际规模存在偏差。同时，由于农村经济社会具有其特殊性，贫困户识别中核算农民人均纯收入存在较大的技术困难。

（二）精准帮扶中的问题

精准帮扶是精准扶贫工作的第二步。精准帮扶是对识别出来的贫困户和贫困村，深入分析其致贫原因，落实帮扶责任人，逐村逐户制订帮扶计划，集中力量进行扶持。精准帮扶的初衷在于针对不同贫困户的不同需求，详细分

---

① 邓维杰：《精准扶贫的难点、对策与路径选择》，《农村经济》2014 年第 6 期。
② 汪三贵、郭子豪：《论中国的精准扶贫》，《贵州社会科学》2015 年第 5 期。
③ 左停、杨雨鑫、钟玲：《精准扶贫：技术靶向、理论解析和现实挑战》，《贵州社会科学》2015 年第 8 期。

析其贫困成因，从而进行有区别和有针对性的帮扶①。但是，实际的帮扶工作却难以体现针对性。其问题主要包括以下几个。①扶贫措施在某种程度上对贫困户形成了排斥，从而导致贫困人群难以实现真正获利。具体来看，排斥反映在需求、入门、资金用途、市场、专业、团队、配套、模式以及投入等多个方面。例如，在市场方面，扶贫部门的关注点依旧在生产方面，忽视了市场端对农民收入提升产生的影响；在专业团队方面，大多数扶贫部门将扶贫任务委托给当地的畜牧局等技术部门，结果真正受益的是当地的农业大户、龙头企业等，而不是真正需要帮扶的贫困户②。②帮扶措施缺乏系统性。许多地方的帮扶都以资金扶持为主、其他帮扶为辅，没有形成系统的帮扶体系，只能缓解贫困户一时的困境，并不能使问题从根本上得到解决③。③帮扶措施缺乏灵活性。贫困户的贫困现实状态和问题千差万别，需求也各有不同。但是，扶贫具体项目以及项目的配套资金基本上都是由上级部门决定的，这在很大程度上导致了上级的项目与贫困户的需求产生背离，而且这种背离还难以及时调整。真正需要资金的一些项目拿不到钱，而有资金的项目又与贫困户的现实要求不相符。④扶贫资源入户缺乏村内人力资源的支撑。贫困村的大量青壮年劳动力外出务工，许多村庄出现空心化趋势，大量乡村精英的流失，使外在的扶贫资源入村入户发挥其作用时缺乏内在的人力资源支

---

① 李石花：《关于精准扶贫实践困境的文献综述》，《现代国企研究》2016年第3期。

② 邓维杰：《精准扶贫的难点、对策与路径选择》，《农村经济》2014年第6期。

③ 胡建国：《全面建成小康社会背景下精准扶贫实践的难点与对策——基于安徽省安庆市精准扶贫的调查》，《重庆广播电视大学学报》2015年第4期。

撑，影响了精准扶贫工作的实施效果[①]。⑤相关机制不健全。这主要体现为：结对帮扶尚未全面落实，结对帮扶仅仅是各个单位各自为战，一盘散沙，缺乏统一性、协调性、系统性；到户定责机制尚未完善，制度和管理规定在实施中尚不完善，做不到真蹲实驻、真扶实干[②]。

（三）精准管理中的问题

所谓精准管理，就是要对贫困对象的脱贫进展、扶贫主体的帮扶工作等实行全方位、全程化、立体化、信息化、动态化监管，建立全国扶贫信息网络系统，做到有进有出、有激励、有约束，切实提高扶贫的精准度，以确保扶贫工作取得实效[③]。精准管理贯穿于精准扶贫工作的始终，必须以全局性的理念进行精准管理。精准管理过程中存在的问题主要包括如下几个。①缺乏系统的管理机制。现行的扶贫攻坚难以"扶"到点上的一个重要原因是没能建立一个系统的管理机制，从而使帮扶资源难以实现统筹规划、科学调配，也使相关资金得不到有效整合，资金使用率整体不高。②管理内容维度单一。精准管理蕴含的多维瞄准对象包括管理的主体、目标和模式。从这三方面目前的扶贫管理乱象看，主要体现为：一是目标不明确，大多数地区对于自身的减贫目标不明确，更遑论其后的贫困问题

---

① 胡建国：《全面建成小康社会背景下精准扶贫实践的难点与对策——基于安徽省安庆市精准扶贫的调查》，《重庆广播电视大学学报》2015年第4期。

② 林忠伟：《精准扶贫体制机制创新研究》，《经济与社会发展》2016年第1期。

③ 左停、杨雨鑫、钟玲：《精准扶贫：技术靶向、理论解析和现实挑战》，《贵州社会科学》2015年第8期。

解决了；二是贫困治理主体缺位，这表现为对贫困任务负有责任的管理者未能有效履行自身的责任；三是贫困治理模式陈旧，很多地区的减贫治理依赖的依旧是传统方式（例如根据人情关系分配贫困名额），导致了不公开、不公正问题，也使对贫困治理进展难以实现实时监测[1]。③扶贫动态管理和贫困退出机制不健全，具体表现为进出机制不够灵活、动态监测指标单一、动态监测不全面等，使贫困户的部分贫困问题得不到及时帮扶，新的贫困群体难以介入[2]。

（四）精准考核中的问题

精准考核是指对贫困户和贫困村识别、帮扶、管理的成效以及贫困县开展扶贫工作情况的量化考核，奖优罚劣，保证各项扶贫政策落到实处[3]。在具体实践中，精准考核中存在的问题主要包括如下几个。①考核参与主体单一，缺乏独立第三方社会服务机构的参与和协助[4]。②未能做到动态考核。一些地方对于考核的过程不够重视，没能实时性、持续性地关注扶贫的进度和现实效果。如果扶贫主体只重视结果，考核主体又不重视过程的话，扶贫效果将很难得到保证[5]。③定点帮扶和干部驻村帮扶考核激励机制尚不健

[1] 吴雄周、丁建军：《精准扶贫：单维瞄准向多维瞄准的嬗变——兼析湘西州十八洞村扶贫调查》，《湖南社会科学》2015 年第 6 期。
[2] 刘司可：《扶贫动态管理和贫困退出中的矛盾及其解决——基于湖北省徐家村贫困户和普通农户的调研分析》，《西部论坛》2017 年第 4 期。
[3] 王华丽、孔银焕、朱奎安：《精准扶贫文献综述及其引申》，《重庆社会科学》2017 年第 3 期。
[4] 邓维杰：《精准扶贫的难点、对策与路径选择》，《农村经济》2014 年第 6 期。
[5] 李侑峰：《试论精准扶贫监测与评估体系的构建》，《齐齐哈尔大学学报》（哲学社会科学版）2016 年第 10 期。

全，绩效考核办法只给出一个总量上的大概评估结果，精确性不够，如何考核和奖惩都没有制定细化的规则，操作起来弹性大，难以落到实处，形同虚设[①]。④考核不重视根本，流于形式，监测力度不够，缺乏完备有效的监测系统[②]。

上述问题的形成，是多方面因素综合作用的结果，例如，人为因素的干扰、机制不完善、宣传引导不够广泛和深入、社会参与不足等。不过，从深层次来分析，这些问题背后的根本原因之一是在贫困治理过程中没能解决好委托代理关系问题，没能处理好利益相关者的关系，从而产生了各利益相关者个体理性和集体理性的不一致问题。

第二节　文献综述与理论分析

一　现有相关研究的简要述评

精准扶贫思想是在总结数十年扶贫工作经验和教训的基础上，根据当前经济社会特征等现实状况和目前中国贫困群体状况提出的，是解决扶贫开发工作中底数不清、目

[①]　林忠伟:《精准扶贫体制机制创新研究》,《经济与社会发展》2016 年第 1 期。
李延:《精准扶贫绩效考核机制的现实难点与应对》,《青海社会科学》2016年第 3 期。

[②]　林忠伟:《精准扶贫体制机制创新研究》,《经济与社会发展》2016 年第 1 期。

标不准、效果不佳等问题的重要途径。①

根据《建立精准扶贫工作机制实施方案》（国开办发〔2014〕30号），精准扶贫是指通过对贫困户和贫困村进行精准识别、精准帮扶、精准管理和精准考核，引导各类扶贫资源优化配置，实现扶贫到村到户，其重点工作包括建档立卡与信息化建设、建立干部驻村帮扶工作制度、建立精准考核机制等。

作为一种复杂的社会实践活动，精准扶贫政策在执行过程中受执行主体、目标群体、政策质量、制度与政策环境等因素的影响，往往容易出现偏差，影响政策的有效实施和政策目标的实现。精准扶贫政策实施五年来，中国脱贫攻坚形势依然严峻，实施扶贫新战略仍面临较大挑战。从现有研究基础看，围绕精准扶贫政策实施过程中的问题和困难，国内现有相关文献主要从精准扶贫政策缺陷、精准扶贫治理结构、精准扶贫目标群体及农村基层治理体制4个视角展开了分析。

（一）视角一：精准扶贫政策缺陷

这一视角的研究从政策内容出发，通过分析政策设计与扶贫实践的内在张力与矛盾来解释精准扶贫政策执行过程中的偏差与失灵现象。中国贫困治理模式从粗放扶贫向精准扶贫的转变，本质上体现了从单维瞄准向多维瞄准的转变：它不仅关注扶贫主体，还紧抓贫困原因、

① 《精准扶贫要让农户点赞才算数》，《农民日报》2016年4月21日。

扶贫方式、扶贫的具体程序以及扶贫指标实现情况。不但要认识到各要素的横向关联，还要实现各个环节、各个阶段的统一考察。精准扶贫的多维瞄准要求在实践中面临着很大的现实阻力，包括参与意识淡薄导致精准识别中出现参与排斥，贫困原因的差异导致精准帮扶中出现规模排斥，管理主体的非协同导致精准管理中出现协同排斥以及第三方考核主体引入的滞后导致精准考核中出现主体排斥[①]。而这些问题究其本质而言是精准扶贫政策需要与政策执行能力间的矛盾所引发的政策规避现象[②]。其产生受资源稀缺、理性自利、制度缺陷以及理念制约等因素的综合影响，这些因素共同导致政策执行能力滞后于精准扶贫的政策要求。

（二）视角二：精准扶贫治理结构

相关研究从政策执行过程的结构性视角，通过反思现代科层制组织理论，重点讨论精准扶贫政策执行中的精准扶贫失准问题。李小云等认为，现行的三级扶贫瞄准机制虽然在制度层面设法通过层层识别瞄准穷人，但由于扶贫资源的使用成本很低，扶贫资源的决策过于集中，瞄准机制最终出现长期异化，这突显了贫困治理机制变革的迫切性，因此，实施精准扶贫的核心是改善扶

---

① 吴雄周、丁建军：《精准扶贫：单维瞄准向多维瞄准的嬗变——兼析湘西州十八洞村扶贫调查》，《湖南社会科学》2015 年第 6 期。
② 张欣：《精准扶贫中的政策规避问题及其破解》，《理论探索》2017 年第 4 期。

贫治理机制。[①] 邓维杰则认为，精准扶贫治理结构中的问题是，贫困户识别机制自上而下，完全由政府体系主导，缺乏贫困群体参与；协助和监督机制缺乏独立第三方社会服务机构介入。对此，他认为，应采取自上而下和自下而上相结合的贫困户识别和帮扶机制。[②] 王雨磊通过个案研究提出精准扶贫中的"三只手"分别是各级扶贫办、扶贫单位及其驻村干部、村干部。在扶贫过程中，这"三只手"的关注点各不相同：扶贫办要考虑底层群众的多方面诉求；村干部更多关注的是本村在扶贫政策下所能获取的利益；而驻村干部关注的重点则是在脱贫考核问题上。看似三个抓手，如果这"三只手"配合不力的话，扶贫效果将会大打折扣。[③] 针对以上现有贫困治理结构中的问题，一些学者建议在政府行政管理体制之外，将社区、市场等行动主体纳入治理体制中。例如，高飞、向德平认为，应通过社会资源、社会资本的合理分配，重塑贫困治理主体结构，形成合理的利益分配格局，以摆脱传统救济式扶贫的路径依赖，为开发式扶贫探索新路。[④] 李鹍、叶兴建提出要构建起政府—市场—社会—社区—贫困户五位一体的治理系统，将贫困户作为核心，以具体的农村社区为贫困治理场域，由政府

---

① 李小云、唐丽霞、许汉泽：《论我国的扶贫治理：基于扶贫资源瞄准和传递的分析》，《吉林大学社会科学学报》2015年第4期。
② 邓维杰：《精准扶贫的难点、对策与路径选择》，《农村经济》2014年第6期。
③ 王雨磊：《村干部与实践权力——精准扶贫中的国家基层治理秩序》，《公共行政评论》2017a年第3期。
④ 高飞、向德平：《社会治理视角下精准扶贫的政策启示》，《南京农业大学学报》（社会科学版）2017年第4期。

牵头，吸纳企业等市场性力量，充分利用社会性组织的效能。[①]

（三）视角三：精准扶贫目标群体

这一视角的研究从精准扶贫政策的目标群体出发，集中讨论了扶贫对象的主体行为，结合行动者所处的乡村文化场域描述了扶贫对象的实践行动，凸显其在客观结构和主观行动张力中的策略性选择。例如，许汉泽、李小云基于对乡镇干部、村干部、扶贫工作队成员以及贫困户等不同主体的访谈资料指出，精准扶贫在基层社会尤其在村庄层面的具体实践极易与国家政策表达发生偏离，这往往是由乡土社会的模糊性、农民之间的平均主义、小农生存伦理等乡土社会的特性决定的。[②]钟涨宝、李飞重点分析了插花贫困地区村庄中的贫困户、普通农户、村民代表及党员、富人、村干部、驻村干部在精准扶贫中的心态及其原因，该文按照贫困户的心态（包括感谢国家型和理所当然型）和脱贫的心态（包括家庭有可用劳动力认为要靠国家型、家庭无可用劳动力认为要靠国家型、家庭有可用劳动力认为要靠自己型、家庭无可用劳动力认为要靠自己型），将贫困户分为 5 类，认为第 Ⅰ 类和第 Ⅳ 类贫困户脱贫主要依靠政策兜底，第 Ⅱ 类和第 Ⅲ 类贫困户要根据致贫的原因采取有效的措施重点帮扶，第 Ⅴ 类贫困户是否应该被帮扶

[①] 李鸥、叶兴建：《农村精准扶贫：理论基础与实践情势探析——兼论复合型扶贫治理体系的建构》，《福建行政学院学报》2015 年第 2 期。

[②] 许汉泽、李小云：《"精准扶贫"的地方实践困境及乡土逻辑——以云南玉村实地调查为讨论中心》，《河北学刊》2016 年第 6 期。

值得商榷，指出要通过政策完善或实践工作的推进来科学引导村庄不同主体共同努力解决贫困户问题。[1]

（四）视角四：农村基层治理体制

这个角度更加关注的是精准扶贫作为一种手段，在实现社区重构、秩序重建过程中发挥的作用及其影响，期望通过扶贫来实现国家、社会的双向互动，真正使国家基层治理能力走向现代化。例如，李博通过分析陕南王村扶贫移民搬迁4个阶段的行动逻辑发现，行政主导下压力型体制的威逼与普适性政策的诱导共同滋生了"背皮"搬迁的发生，从而导致精准识别的错位。[2]万江红、孙枭雄主要考察了精准扶贫对村集体权威产生的影响。笔者认为，在扶贫治理的过程中，国家形象得到了直接提升，因为农民坚信当前获得的扶贫利益是上层政策的结果，体现的是国家对人民的爱护。但同时，扶贫名额分配过程存在多方利益的冲突，一旦村民之间的关系未能得到妥善处理，将会导致村民对村集体的怨恨与不满，最终的结果便是村集体权威的进一步丧失，从而也不利于乡村秩序的维系。[3]陈义媛通过对西南地区的一个国家级贫困县扶贫实践的分析，阐述了精准扶贫目

---

① 钟涨宝、李飞：《插花贫困地区村庄的不同主体在精准扶贫中的心态分析》，《西北农林科技大学学报》（社会科学版）2017年第2期。

② 李博：《遭遇搬迁：精准扶贫视角下扶贫移民搬迁政策执行逻辑的探讨——以陕南王村为例》，《中国农业大学学报》（社会科学版）2016年第2期。

③ 万江红、孙枭雄：《权威缺失：精准扶贫实践困境的一个社会学解释——基于我国中部地区花村的调查》，《华中农业大学学报》（社会科学版）2017年第2期。

标与操作过程出现矛盾的原因。[①] 在村庄层面,精准识别的"去政治化",即未能充分动员大多数群众是实践偏离与矛盾产生的关键根源之一。在县、乡层面,精准扶贫实践中"行政吸纳政治"的逻辑也是实践偏离的影响因素,以专业化、标准化为特征的技术治理、将"树典型"作为目的而非手段、事本主义逻辑,都是精准扶贫内卷化的原因。许汉泽、李小云认为,精准扶贫政策执行中出现的"扶贫致贫""精英捕获""碎片化治理"等一系列意外后果,主要是基层政权动员型贫困治理策略的结果。[②] 这一治理策略混合了传统治理、科层制治理以及革命传统三种资源,表现为在压力型体制中经过科层制内部政府层层压力的传递与加压,加上严格的奖励和考核标准,使扶贫工作在地方政府众多的日常工作中上升为中心任务,全方位动员集中所有力量进行扶贫攻坚。这种策略能够在短时间内"集中力量办大事",能打破公共政策执行的条块限制以及各个部门各自为政的困境。但是,由于过于强调政府干预以及受治理行为本身短期性、临时性的限制,人们容易忽视地方社会的多样性需求和实际情况。

(五)简要评论

上述视角的相关研究呈现了现实中农村贫困问题的复杂性及贫困治理政策在农村基层执行的实际面貌。精准扶

---

① 陈义媛:《精准扶贫的实践偏离与基层治理困局》,《华南农业大学学报》(社会科学版)2017年第6期。

② 许汉泽、李小云:《"精准扶贫"的地方实践困境及乡土逻辑——以云南玉村实地调查为讨论中心》,《河北学刊》2016年第6期。

贫政策缺陷视角的相关研究在探究精准扶贫政策实施效果的同时，尝试分析政策中的固有缺陷，反思扶贫政策设计与扶贫政策执行机制、扶贫政策环境和资源等政策执行能力影响因素的匹配性。但这一视角的研究站在国家视角自上而下来看待精准扶贫政策的实施效果，其经验材料也主要局限在作为政策推动者的国家及各级行政单位与作为政策受众的贫困户维度上，忽视了精准扶贫政策实施所涉及的多个行为主体以及其行动场域蕴含的丰富乡土文化，也缺乏对不同层级的政策执行者利益诉求和行动逻辑的讨论。治理结构视角的研究关注到了中央政府、地方政府、社区、村民等利益相关主体在政策执行中的利益分化，也看到了农村劳动力转移和市场化背景下将市场、社会组织纳入行为主体范围的重要性。但这类分析多停留于理论及政策建议层面，并没有深入刻画各相关主体的利益关系及其在农村基层扶贫过程中的互动情况。第三种视角的相关研究关注扶贫目标群体尤其是贫困户的利益诉求，但对乡村社区的相对封闭性和文化保守性以及村民所具有的传统平均主义思想的分析大多停留于对理想类型的描绘，缺乏经验材料及个案支持，脱离了村庄的现实人际关系网，也缺乏对村庄整体权力结构的重视。第四种视角通过呈现和分析精准扶贫的具体实践，阐述了精准扶贫的成败关键在于基层的治理方式和治理能力的同步跟进，体现了国家和社会的双向互动，但对微观角度的各利益相关者间的关系和互动关注不足。

综合分析现有精准扶贫相关研究，可以发现，专门从利益相关者视角来分析精准扶贫过程与问题的研究还很少，且仅有的这方面研究大多将相关主体特别是农民视为理性"经济人",例如许彩慧[①],忽视了村民行为背后的乡土逻辑和熟人社会中的复杂关系。基于此,本研究试图以广西壮族自治区桂林市全州县广福村为例,结合乡村现实场域,分析基层不同层次利益相关者——县政府、乡镇政府、村委会及村民对于贫困、扶贫、脱贫的认知差异和行动逻辑,以期从利益相关者视角探索村庄脱贫实践中存在的问题与解决之道。

二 精准扶贫中的主要利益相关者分析

(一)精准扶贫中的利益相关者的含义

"stakeholder theory"中的"stake"一词,涵盖了利益(interest)和主张、声称(claims)的意思,指对利益的主张。"利益相关者"(stakeholder)这一词条最早出现在1708年的《牛津词典》一书中,表示人们在某种活动或公司里中"下注"(have a stake),在活动结果或企业运营结果中抽头或赔本[②]。利益相关者理论的早期研究始于多德(Dodd),经过安索夫(Ansoff)等学者的开创性研究以及弗里曼(Freeman)、布莱尔(Blair)、米切尔(Mitchell)等学者的共同发展,历经"影响企业生存""实施战略管理""参与所有权分配"3个阶段的发展,已经形成了比较

[①] 许彩慧:《精准扶贫实施中的难点与对策——基于利益相关者的博弈分析》,《改革与开放》2016年第9期。

[②] 何旭东:《基于利益相关者理论的工程项目主体行为风险管理研究》,中国矿业大学博士学位论文,2011。

完善的理论框架，并在实际应用中取得了较好的成效①。在经济学、管理学研究领域利益相关者理论有较广泛的应用。进入 21 世纪后，公共管理学科借鉴这一理论并通过进行适应性改变，将其广泛用于公共管理与政策分析活动及研究中②。

对于什么是利益相关者，相关界定很多，学界并没达成共识。Freeman 将利益相关者理论引入组织的战略管理研究，把利益相关者宽泛定义为"能够影响组织目标实现或者被组织目标实现过程所影响的人或团体"。③为更确切地界定研究对象，学者们从自己的专业角度或研究目的出发，在不同学科领域从不同视角进行了进一步的界定。这些界定包括两个共同之处：一是强调组织与利益相关者之间的影响关系；二是在一定程度上识别和限定了利益相关者的边界或范畴④。在公共管理或项目管理相关领域，相关界定如拥有实在的项目利益或是某方面的权益，能够对项目提供支持或是知识技能方面的贡献，影响项目或是受其影响⑤。

借鉴上述定义，本文将精准扶贫利益相关者界定为：在精准扶贫中具有利害关系，在其中拥有假想或实在的利

---

① 冯俊华、张龙：《利益相关者理论的发展与评述》，《科学咨询：决策管理》2009 年第 15 期。

② 马文学、余莲花、孙玉霞：《基于利益相关者理论的林业行政执法绩效评估主体权重研究》，《绿色财会》2011 年第 6 期。

③ R. E. Freeman, Strategic Management: *A Stakeholder Perspective* (Boston: Pitman, 1984), p.19.

④ A. L. Friedman and S. Miles, *Stakeholders Theory and Practice*(UK: Oxford University Press, 2006), p.67.

⑤ L. Bourne, "Paradox of Project Control in a Matrix Organization", Proceedings of the 2004 PMI Australia Conference: PMOZ 2004. Maximising Project Value, Melbourne, Australia, 2005.

益或某方面权益，影响精准扶贫进程或受精准扶贫政策所影响的个人、群体或组织。

（二）基于利益相关者理论分析精准扶贫的必要性

利益相关者的支持或反对是项目成功与否的关键性因素[①]，因此，在评价项目环境影响因素时，要重视关注利益相关者的反馈以及项目参与者的学习和反馈情况[②]。面对社会公共生活中日益复杂的利益格局，从政策利益相关者的角度出发来分析公共政策成效及问题，能在充分考虑各方利益和意见的基础上，尽可能地回应公众的主要需求，为实现公共决策的科学化、民主化提供借鉴。

精准扶贫政策涉及主体多、影响范围大，不同利益相关者的利益诉求存在明显不同，加之农村社会复杂多样，这在客观上需要政策制定者在不同时点上全面了解利益相关者的利益和权利，并且通过沟通、协商、权衡、激励和让步策略等相应地做出反应，进而为探讨和评估精准扶贫政策提供可靠依据和一定借鉴。

（三）精准扶贫中的核心基层利益相关者

学者们从不同角度对利益相关者进行了细分，方法

① W. F. Lemon, J. Bowitz and R. Hackney, "Information Systems Project Failure: A Comparative Study of Two Countries," *Journal of Global Information Management*, 10, 2(2002), pp.28-39.

② W. Briner, C. Hastings and M. Gaddes, Project Leadership (Aldershot, UK: Gower, 1996), p.253.

多样，各有不同。例如，根据不同利益群体与公司之间存在的利益关系性质，可以分为同公司有直接的经济利益依赖关系的人群、对公司拥有所有权利益支配的人群、同公司存在社会利益关系的特殊利益群体、政府机构和大众媒体等[1]。根据利益相关者同公司之间的市场交易关系及施加影响程度，可以分成直接利益相关者和间接利益相关者。根据利益相关者对项目的影响力和利益要求，可以分为参与者（影响力大且利益需求程度高）、从属者（利益需求程度高但没什么影响力）、标准制定者（影响力大但没太多的直接利益要求）和一般群体（影响力和利益要求都很低）[2]。根据合法性、影响力和迫切性3项属性，可以分为确定利益相关者（具有3项属性）、预期利益相关者（具有3项属性中的任意两项）和潜在利益相关者（仅具有3项属性中的1项）[3]。国内学者陈宏辉将利益相关者分为核心利益相关者、蛰伏利益相关者、边缘利益相关者3类。[4] 本研究中借鉴陈宏辉的分类，主要探讨基层的核心利益相关者，具体包括县级政府、乡镇政府、村庄自治组织（村两委）和村干部、村民四类。

[1] R. E. Freeman, Strategic Management: A Stakeholder Perspective (Boston: Pitman, 1984), p.19.

[2] Colin Eden and Frank Ackermann, Making Strategy: The Journey of Strategic Management(London: Sage Publications, 1998): p.117.

[3] Ronald K. Mitchell, Bradley R. Agle and Donna J. Wood, "Toward a Theory of Stakeholder Identification and Salience: Defining the Principle of Whom and What Really Counts", Academy of Management Review, 22, 4 (1997), pp.853–888.

[4] 陈宏辉:《企业利益相关者的利益要求：理论与实证研究》，经济管理出版社，2004。

1. 县级政府

县级政府承上启下,是国家上层与地方基层、中央领导与地方治理、权力运作与权力监控的"接点";县城是城市与乡村、传统与现代、中心与边缘地带的"接点"部位①。既有研究表明,项目制运作强化了县级各部门的权力。作为精准扶贫政策的基层执行单位,县级政府是纽带,对上执行上级政府制定的扶贫政策,或根据上级政府下达的精神来制定适合当地实际的具体政策。县级政府各部门掌握着扶贫项目资金分配权和扶贫项目工程实施权,在具体的指标分配中,县级政府各部门在村庄竞争中主要看"谁更积极",但由于"积极性"并没有确定的衡量指标②,因此,在精准扶贫政策的执行中,县级政府相关干部具有不可忽视的自由裁量权。对下,县级政府对乡镇下达扶贫任务,领导和监督其工作。精准扶贫政策能否在乡镇这"最后一公里"取得满意的效果,要靠县级政府的领导和督促。要提升扶贫政策执行力,县级政府需要培训相关工作人员,制定、完善相关具体方针政策,优化组织结构,强化监督等③。

2. 乡镇政府

乡镇政府是中国行政组织体系中的基层组织。付伟、焦长权将项目制下的乡镇政权称为"协调性"政权。一方面,从乡镇政府在项目分配和管理过程中的权力来看,

---

① 王赐江:《基于不满宣泄的集群行为》,华中师范大学博士学位论文,2010。
② 李祖佩:《"新代理人":项目进村中的村治主体研究》,《社会》2016年第3期。
③ 谭英俊:《少数民族地区县级政府扶贫开发政策执行力提升研究——基于广西的调研》,《广西大学学报》(哲学社会科学版)2015年第3期。

乡镇政府处于从属而非主导地位，对于落到乡镇的大量项目，县政府和县级职能部门主导着从申请到实施的整个过程，乡镇政府处于辅助建议的角色。这是因为，在"乡财县管"背景下，乡镇政府自身没有财力性收入，完全依赖上级转移支付。无论是基础设施建设、农村公共品还是工作经费，几乎都通过项目资金的方式由上级提供。但是，乡镇政府利用自身接近乡村社会的优势，在政策执行中也赢得了部分灵活性空间。在县政府制订当地精准扶贫政策执行计划或行动时，熟悉村庄具体情况的乡镇政府会提出针对性建议，会在这个过程中将自己的想法与利益诉求融入其中。另一方面，乡镇政府在扶贫项目实施过程中承担了大量具体事务，协调扶贫项目进入乡村后需解决各种复杂利益纠纷，为扶贫项目进村"跑腿办事""指路""兜底"。[①]

3. 村庄自治组织（村两委）和村干部

村委会作为村民自我管理、自我教育、自我服务的基层群众自治组织，虽然不在行政体制内，却在政府有关社会管理职能向农村延伸，以及政策执行的空间、自由裁量权等方面发挥着不可忽视的作用。村委会和村干部作为连接国家与农民之间的节点，直接负责本村贫困户的精准识别、精准帮扶、精准管理工作，是"精准扶贫"工作的最末梢负责人，在扶贫工作中承担着大量事务性工作。由于每个村的村干部数量少、工资待遇低且不像

---

① 付伟、焦长权：《"协调型"政权：项目制运作下的乡（镇）政府》，《社会学研究》2015年第2期。

乡镇政府工作人员那样有国家编制，如何调动村委会成员的扶贫工作积极性成为精准扶贫政策基层执行中的关键问题之一。一个扶贫项目之所以能被捆绑到一个村，其背后有一个细致的互动过程，需要县、乡镇、村各级紧密参与。尽管村干部是村民选取产生的，但是，上级的支持也是必不可少的，尤其对于村支书而言，镇党委是村干部权力的合法来源，村干部在选举过程中需要得到乡镇党委的支持。

4. 村民

在精准扶贫中，村民可以分为建档立卡贫困户和普通村民。一部分贫困户因为家庭无子女或有多位病残者，被归为社会救助对象，即"五保户""低保户"，需要依靠国家政策兜底；其他贫困户集精准扶贫主体和客体于一身，是脱贫的关键切入点。精准扶贫要重视发挥贫困群众的主体性作用，使以往处于"被脱贫"地位、对脱贫工作缺乏参与积极性的贫困群众拉入能积极主动、自愿地参与到扶贫开发工作的人群中。精准扶贫政策虽然是专门针对贫困户的惠民政策，但其在村庄实践的效果不可避免会受到村庄微观权力的干扰，有的村庄出现村干部权力寻租、扶贫资源被精英俘获的现象。少数普通农户"争当贫困户"，将扶贫作为一种稀缺资源，认为评上贫困户本身就代表一种"收益"[1]。

---

[1] 钟涨宝、李飞:《插花贫困地区村庄的不同主体在精准扶贫中的心态分析》，《西北农林科技大学学报》(社会科学版) 2017 年第 2 期。

第三节　研究设计

一　分析框架

本研究循着贫困—扶贫—脱贫的总体逻辑来展开，并结合利益相关者这一视角来分析。利益相关者理论的基本分析思路是在解析各利益相关者的利益和行为的基础上，对多行为主体共同造成的结果进行分析，在目标绩效的引导下，探索行为协调机制[①]。本研究在分析中并不严格遵循这一思路，而是分析不同利益相关者在扶贫和脱贫中的认知、行为及其背后的原因，分析他们的摩擦表现与调适行动，进而为构建行为协调机制、促进村庄发展提出建议。具体来说，本研究分为六章，按照引题—析题—结题的进路展开，分析框架和结构如图 1-1 所示，本研究的技术路线如图 1-2 所示。

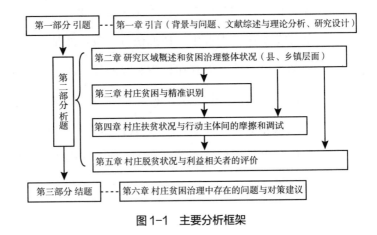

图 1-1　主要分析框架

---

① 李文炜:《农业环境问题的行为基础与治理机制创新》，西南大学硕士学位论文，2012。

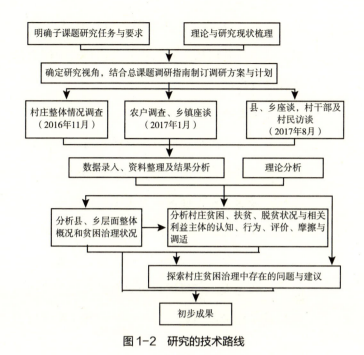

图1-2 研究的技术路线

二 研究方法

1. 案例分析与基层访谈

通过实地走访和基层访谈相结合的方式，课题组成员于2016年11月、2017年1月和7~8月对广西壮族自治区桂林市全州县大西江镇政府相关部门部分干部和工作人员，广福村村委会成员、脱贫户、贫困户和普通村民进行了访谈，并与县政府相关部门干部进行了座谈，搜集了大量关于当地贫困状况、扶贫措施与成效、脱贫状况等的资料。基于这些材料，本研究以广福村的扶贫实践为案例，探索其精准扶贫实践中基层核心利益相关者的行动动机及特点，了解他们之间是如何互动并影响精准扶贫政策执行的。同时，本研究也在案例分析的基础上进行了一定归纳，尝试从基层核心利益相关者视角对中国农村基层脱贫实践进行总结。

2. 历史研究法

历史研究法是运用历史资料，按照历史发展的顺序对过去事件进行研究的方法，亦称纵向研究法。在历史研究方面，课题组一方面深入有关部门，搜集了一些当地整体状况、发展脉络等方面的书面资料，包括书籍、年鉴、县志、文稿、会议记录等；另一方面，调查人员访谈了不少广福村的老人，了解该村历史和经济社会发展脉络。研究也尽量多地考虑当地的经济、社会和文化发展历史及扶贫进程。

3. 问卷调查与统计分析

研究中的问卷调查涉及村庄问卷调查和农户问卷调查。课题组于 2016 年 11 月对广福村进行了摸底调查，填写了行政村问卷，并就相关问题开展初步调查；于 2017 年 1 月采用分层随机方式，基于 2016 年底村住户花名册和建档立卡贫困户名单，在建档立卡贫困户和非贫困户中各随机抽取 30 户，共完成了对 60 户农户的问卷调查（受访者的特征见表 1-1）。为分析村庄贫困状况和脱贫情况等，研究中对有关调查数据进行了统计分析和比较。

表1-1 广福村农户问卷调查中受访者的基本特征

单位：户，%

指标	分组	户数	比例	指标	分组	户数	比例
性别	男性	56	93.33	政治面貌	群众	58	96.67
	女性	4	6.67		中共党员	2	3.33
婚姻状况	已婚	48	80.00	文化程度	文盲	6	10.00
	未婚、离婚或丧偶	12	20.00		小学	25	41.67
身体健康状况	身体健康	34	56.67		初中	26	43.33
	患慢性病	18	30.00		高中、中专及以上	3	5.00
	患有大病或残疾	8	13.33	外出务工情况	乡镇内务工	8	13.33
2016年家庭纯收入	低于10000元	10	16.67		乡镇外县内务工	5	8.33
	10000～20000元	15	25.00		县外省内务工	17	28.33
	20000～60000元	28	46.64		省外务工	8	13.33
	60000元以上	7	11.69		其他	28	46.67

注：①"外出务工情况"中的"其他"包括在家务农、学生、军人、不就业等情况。
②本书统计表格，除特殊标注，均来自课题组对广福村的调研。

第二章

研究区域概述和贫困治理整体状况

第一节　全州县概述及其贫困、扶贫状况 [①]

一　全州县概述

（一）自然条件与历史沿革

1. 自然状况

全州县位于广西壮族自治区东北部、桂林市东北部，县境东北与湖南省永州市、新宁县等接壤，南、东南与兴安、灌阳两县接壤，西与资源县毗邻。全州县南北最长

---

① 除特殊说明外，第一节关于全州情况介绍的有关数据均源于《全州县统计年鉴》。

99.23 千米，东西最宽 85.77 千米，全县总面积 4021.19 平方千米，是桂林市行政区规划面积最大的县。其中，陆地面积 2857.79 平方千米，占 71.07%；水域面积 1163.4 平方千米，占 28.93%。全州县内地势西南高东北低，中低山地约占 54.64%，丘陵占 11.70%，平原占 29.30%，其余为岩溶峰丛洼地；县域内西北、东南、西南多高山，其中西部越城岭山脉的主峰真宝顶海拔 2123 米，是华南第二高峰。

全州县地处岭南亚热带季风区，为亚热带季风气候，气候温和，雨量充沛，四季分明。春季阴雨时间长，夏季西南风盛行，多暴雨、洪涝，常有秋旱，冬季多寒潮，降水多集中在每年 2～8 月，5 月降水最多；多年平均气温 17.9℃，年平均降水量 1563.1 毫米，年平均日照数 1443.5 小时，无霜期平均 294.6 天。2015 年，全县共出现大雨及以上降水 24 次，其中大雨 14 次，暴雨 9 次，大暴雨 1 次。

全州县境内河流属于长江流域湘江水系，县域内流程 110.1 千米，总流域面积 4003.46 平方千米。境内长 6 千米以上的河流共 123 条，多年平均水资源总量 72.68 亿立方米，其中，地表径流量 39.14 亿立方米，地下储水量 6.07 亿立方米，外县流入水量 27.47 亿立方米。湘江是全州境内最主要的河流，境内流长 110.1 千米，流域面积 6710 平方千米。境内诸河流中，除湘、灌、罗三江可以通航外，其余各支流水浅流急，有利于截流筑坝，引水灌田。加上井泉众多，丘陵平原交错，农业生产的自然条件得天独厚。县域内河网密布，地表径流量 66.16 亿立方米，水位落差较大，水能资源丰富，理论蕴藏量 25 万千瓦。1983 年经国务院批准，被列为全国 100 个农村电气化试点县之一。但同时，全州县也受洪涝灾害的较大影响。2015 年，县城河段共出现中洪以上洪水 11 次，发布 8 次蓝色洪水预警、1 次黄色洪水预警。2017 年 6 月 25 日至 7 月 1 日，全州县发生了百年一遇的特大暴雨，仅 6 月 30 日至 7 月 1 日，全县 24 小时降水量就高达 147.2 毫米，县域境内也出现了自 1958 年有水文、气象记录以来最严重的洪涝灾害。这次特大洪灾使全县 18 个乡镇全部受灾，全州镇、龙水镇等 9 个乡镇受灾尤为严重，受灾人数 55 万人，死亡 14 人，失联 3 人，受伤 34 人。[①] 其中，全县受灾较为严重的贫困村有 10 个，受灾贫困户达 1986 户，受灾贫困人口达 5516 人，因灾死亡 1 人。此次特大洪水，冲毁道路 74.32 公里，冲毁桥梁 34 处、水沟水渠 22.91 千米，倒塌房屋 227 间，冲走（死亡）养殖家畜 1470 只，冲走（死亡）养殖鱼 4.5 万尾，使农作物受灾 7.11 万亩。[②]

全州县境内多山，因此，森林资源和矿产资源较为丰富。2015 年，全县森林覆盖率为 61.74%。全州县现有林地 28.1242 万公顷，年产商品木材 12 万立方米、毛竹 700 万根，被评为"全国造林绿化百佳县"。全州县内有煤、锰、银、铜、铁、锡、钨、铅、硫黄、大理石、花岗岩等 20 多种矿产资源，其中花岗岩储量 26 亿立方米，大理石

---

① 《全州县通报该县 7·1 特大洪灾抗洪救灾的最新情况》，桂林广播网，2017，http://rgl.tvs.com/201707/20170714085805be1b4dbf1d6243ce.shtml.
② 全州县扶贫开发领导小组：《全州县脱贫攻坚工作汇报》，2017 年 7 月 31 日。

储量 1 亿立方米。

2. 历史沿革

全州县历史悠久，春秋战国时属于楚国；秦始皇二十六年（公元前 221 年），置零陵县，隶属长沙郡，治所在今天的县城西北湘江西岸；汉元鼎六年（公元前 111 年），置湘源县，治所在今天的全州镇西拓桥村；五代后晋天福四年（939 年），置全州，辖清湘、灌阳两县；明洪武元年（1368 年），改为全州府，洪武九年（1376 年），降为州，隶属湖广行中书省永州府，洪武二十七年（1394 年）改隶广西承宣布政使司桂林府，直至清末；民国元年（1912 年），全州改称全县；民国三年（1914 年），改隶桂林道；1949 年全县解放，隶属桂林专区；1959 年，全县改名为全州县，隶属桂林地区；1998 年，桂林地区和桂林市合并，全州县改隶属桂林市。全州以历史文化悠久、"地灵人杰川秀，物华天宝五谷丰"而著称。

（二）人口与经济状况

1. 行政区划与人口概况

2015 年，全州县辖全州镇、石塘镇、绍水镇、大西江镇、黄沙河镇、庙头镇、文桥镇、龙水镇、才湾镇、枧塘镇、咸水镇、凤凰镇、安和镇、两河镇 14 个镇，永岁乡、白宝乡 2 个乡和东山乡、蕉江乡 2 个瑶族民族乡，共 18 个乡镇级行政单位。全州县共下辖 273 个建制村、3431 个自然村、4416 个村民小组。

全州县是桂林市行政区人口最多的县。2015 年末，全州县辖区人口 83.60 万人，其中男性 45.11 万人，占 53.96%，女性 39.49 万人，占 46.04%；人口密度为每平方米 205 人。2015 年的新生儿人数为 9625 人，新生儿男女性别比为 107.17，人口自然增长率为 6.09‰。全州人口以汉族为主，汉族人口共 79.98 万人，占 95.7%；全州有瑶族、彝族、白族、傣族、壮族、苗族、回族、傈僳族、拉祜族等 20 多个民族，散居在全县各地，共有 36169 人；少数民族人口中，瑶族人口最多，有 33637 人，占全州少数民族总人口的 93%。

2. 经济发展与产业概况

全州县经济发展较快，但经济发达程度仍略低于全国平均水平。2016 年，全州县地区生产总值为 175.05 亿元，三大产业的比重为 28.6∶39.9∶31.5，全县城镇居民人均可支配收入为 28615 元，农村居民人均可支配收入为 12399 元。[①]

农业是全州县的主导产业，2016 年，农业产业产值占全县地区生产总值的比重为 28.6%，从 2012～2015 年的情况看，这一比例均在 25% 以上。从全州县 2015 年农业产业的发展现状看，全州县的土地面积折合 603.18 万亩，其中，耕地 72.70 万亩，包括水田 54.92 万亩、旱地 17.78 万亩。全州县农林牧副渔总产值为 74.56 亿元，占桂林市这一总产值的 13.7%（同期桂林市的农林牧渔业总产值为

---

① 2016 年，全国城镇居民和农村居民人均可支配收入分别为 33616 元和 12363 元。相比之下，全州县城镇居民人均可支配收入低于全国平均水平，但农村居民人均可支配收入与全国平均水平相当。

544.02 亿元），^① 是桂林市的农业大县。在种植业方面，全州县是广西壮族自治区的主要粮食生产基地之一，盛产大米、小麦、玉米，素有"桂北粮仓"的美称。2016 年，全州县种植业产值占农业产值的比重达 66.2%。县域内的主要粮食作物是水稻，2015 年全州县的粮食播种面积为 7.97 万公顷，总产量 43.56 万吨。其他粮油作物还包括玉米、红薯和油菜。同时，2014 年，全州县被国家林业局中国经济林协会评为"中国金槐之乡"，截至 2015 年底，全县种植金槐面积 18 万亩，6 万多亩产生经济效益，占全县经济林面积的 51%，居全自治区前列，年产槐米 3710 吨，年产值 2.7 亿元。根据《全州县金槐种植基地建设总体规划（2013—2020 年）》的要求，每年以新种 6 万亩的速度种植，到 2020 年，金槐总面积将达到 60 万亩，实现农民人均一亩。^② 其他经济作物还有木薯、果蔗、罗汉果等。在养殖业方面，全州县同样是养殖大县。2015 年，全州县生猪出栏 83.57 万头，家禽出栏 769.99 万羽，水产品产量为 2.43 万吨。

从工业产业发展现状看，全州县已经形成了以建材、造纸、食品加工、机械配件、化工等为主的五大支柱产业，电力、矿业、木材加工、制药、汽车配件等产业的发展较快。全州县 2015 年的工业增加值为 54.89 亿元，规模以上工业实现总产值 175.9 亿元。规模以上工业企业有 49

① 桂林市统计局、国家统计局桂林调查队：《2015 年桂林市国民经济和社会发展统计公报》，http://www.guilin.gov.cn/ tjxx/tjgb/201606/t20160612_578626.htm。
② 《全州：四大举措挺起农业大县安全农业脊梁》，http://www.gxcounty.com/jingji/ fzdt/20151204/ 116784.html。

家，年产值超千万元企业 46 家，超亿元企业 19 家。

全州县的第三产业发展相对落后，处于起步阶段。从旅游业发展情况看，2015 年全州县接待国内外游客 55.07 万人次，其中境外游客 0.5 万人次，还有很大的发展空间。

3. 基础设施建设和社会事业发展现状

全州县的基础设施建设和社会事业发展较好。2015 年，全州县政府财政收入 6.48 亿元，其中，地方财政收入 4.39 亿元，增长 13.86%。财政支出 30.25 亿元，增长 26.8%。增长较快的政府财政收入较好地保障了基础设施建设的稳步推进。2015 年全县固定资产投资 150.95 亿元，增长 22%。其中，基本建设投资 94.57 亿元，更新改造投资 47.78 亿元，房地产投资 5.46 亿元。在农村，仅 2015 年，全州县就完成农村通建制村公路硬化 40 条 208 公里，完成农村公路建设及固定资产投资 1.7 亿元。

从全州县的就业状况看，2015 年，全州县城镇登记失业率为 3.56%，城镇新增就业人数 6941 人，下岗再就业人数 1732 人，新增农业劳动力转移就业人数 14194 人。2016 年全州实现城镇新增就业 10347 人，城镇下岗失业人员再就业 4942 人，解决就业困难人员再就业 3827 人，同比分别增长 20.13%、18.57% 和 6.25%；城镇登记失业率为 2.84%，较上年底下降 0.13 个百分点；新增农村劳动力转移就业 4.9 万人次，累计实现农村劳动力转移就业 21.7 万人次，超额完成累计转移农村劳动力 21.5 万人次的年度目标。

从全州县的教育发展现状看，全县有 5 所高中、24

所初中和 334 所小学，共有在校高中生 9520 人、初中生 19285 人、小学生 51172 人。近年来，全县中小学校的基础设施建设大幅改善（近六年来，全县仅教育项目建设投资达 1.1326 亿元，新建、维修建筑面积达 77805 万平方米），[①] 教育教学质量有一定提升。但全县农村中小学生上学困难和辍学等问题依然严重，教育发展极不均衡，县城挤、农村弱的矛盾日益突出，农村义务教育质量不高。特别是，村办小学或乡镇办中学的拆并增加了农村中小学学生的上学距离，农民在孩子中小学上学方面的劳动支出和经费支出明显增多，因学致贫成为当地建档立卡户贫困的一个重要因素。

二 全州县的贫困状况与成因

（一）人均收入的历史比较

作为广西壮族自治区的人口大县，全州县的经济发展水平不高。从 2012～2016 年人均可支配收入水平的比较看（见表 2-1），全州县城镇居民的人均可支配收入不仅低于全国平均水平，也低于广西壮族自治区的平均水平；全州县农村居民的人均可支配收入与全国平均水平相差不多，但明显高于广西壮族自治区的平均水平。

---

① 《全州县教育发展现状综述》，http://finance.china.com/fin/kj/201507/23/8453806.html。

表 2-1　2012～2016 年全州县城乡居民人均可支配收入与全国、
广西平均水平的比较

单位：元

年份	全国 （城镇）	广西 （城镇）	全州县 （城镇）	全国 （农村）	广西 （农村）	全州县 （农村）
2012	24565	21243	18763	7917	6008	7898
2013	26955	23305	20827	8896	6791	9027
2014	28844	24669	22868	9892	8683	10192
2015	31195	26416	24400	11422	9467	11211
2016	33616	28324	28615	12363	10359	12399

　　资料来源：全国的有关数据来源于 2012～2016 年（历年）的《中国统计年鉴》，广西壮族自治区的有关数据来源于 2012～2016 年（历年）的《广西统计年鉴》，全州县的有关数据来源于全州县统计局。

（二）贫困现状

　　2015 年 10~12 月，全州县开展了全县贫困户贫困村精准识别与建档立卡工作。通过入户调查评分（调查 6.23 万户 20.47 万人），识别出贫困村 68 个，占桂林市贫困村总数的 13.6%。按照广西壮族自治区划定的全州县 54 分建档立卡贫困户分数线，识别出贫困户 12348 户 42453 人，约占桂林全市贫困人口的 1/6。

　　从贫困村的村级经济发展现状（见表 2-2）看，全县 68 个贫困村中，村集体经济收入为 2 万元以下的村和没有村集体收入的"空壳"村占多数，各占了四成以上；约 97% 的贫困村的村集体经济收入为 5 万元以下。从整体上看，贫困村的村集体经济收入主要来源于山场出租、生态公益林补贴。按照广西壮族自治区的要求，脱贫摘帽贫困村当年的集体经济收入要达到 2 万元以上（含 2 万元），以后逐年递增，2020 年要达到 5 万元以上。从整体上看，全州县贫困村的脱贫难度较大。

表 2-2　全州县贫困村的村集体收入状况

单位：个，%

村集体经济收入	贫困村数量	比重
无	28	41.2
2 万元以下	28	41.2
2 万~5 万元	10	14.7
5 万元以上	2	2.9
总计	68	100

资料来源：数据来源于对全州县扶贫办的调查。

（三）贫困成因分析

从微观层面来分析，全州县贫困户的贫困成因主要是疾病、孩子上学负担重等。在 12348 户贫困户中，因病致贫户有 4903 户，占 39.71%；因学致贫户为 2721 户，占 22.04%，低保兜底户 3008 户，占 24.36%。[1] 从深层次成因分析，部分贫困户文化素质低，思想观念陈旧保守，"等靠要"思想严重，没有发展动力，安于现状，严重缺乏自我脱贫、自我发展的意识和能力。

从宏观层面来分析，全州县贫困村经济发展落后的主要原因有以下几点。第一，村集体经济来源少，可持续发展能力低。从表 2-2 可以看出，贫困村的集体经济收入低，

[1]《全州年鉴》，广西师范大学出版社，2016，第 155 页。

没有村集体收入的"空壳"村和村集体收入在 2 万元以下的村共占了八成多。并且，村集体收入为 2 万元以上的村的收入来源主要是山场流转或出租、生态公益林补偿和财政支持，贫困村的经济增长点匮乏，且缺乏发展的资金和资本，后劲不足，可持续发展能力低。第二，地理位置偏远，村级基础设施发展滞后。全州县的贫困村大多地处偏远，田地少且分布分散，土地贫瘠，农民大多只种一季，种养收入低；同时，交通和通信不便，村庄的水渠灌溉、道路通行、安全饮水、电力设施等基础设施建设较为落后，即使有企业想投资租赁土地发展项目，也担心基建投入太大难以收回成本，村民难以获得流转租金收入。第三，村干部创新发展能力薄弱。当前贫困村村干部普遍年龄偏大，受教育水平较低，接受新思维新事物的能力较弱，部分村干部对"电商扶贫""网络销售"等基本不懂，这不利于创新和突破村集体经济发展的思路。[1]

三 全州县的扶贫举措和脱贫现状

（一）扶贫资金

从 2013 年中央政府正式提出实施"精准扶贫"政策以来，全州县的扶贫资金支出逐年增加，从 2013 年的 2515

---

[1] 参考了县扶贫办提供的资料《全州县 2017 年预脱贫的 16 个贫困村脱贫摘帽存在的瓶颈问题》。

万元增长至 2016 年的 9776 万元，增长了 2.89 倍，特别是 2016 年有快速增长（见图 2–1）。

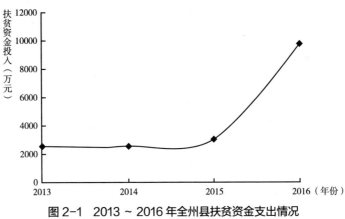

图 2–1　2013 ~ 2016 年全州县扶贫资金支出情况

资料来源：数据来源于对全州县扶贫办的调查。

从扶贫资金的来源看，中央财政拨款是主要构成。2013 ~ 2016 年，全县投入扶贫资金总额为 17568.8 万元，其中，中央财政拨款 6736 万元，广西壮族自治区财政拨款 4161 万元（其中政府债券 2600 万元），桂林市财政拨款 2133.8 万元，县财政配套 4538 万元。其构成情况如图 2–2 所示。2017 年，全州县预期投入扶贫专项资金 1.86 亿元（其中，上级政府拨款 1.6 亿元，县财政部门筹集 2600 万元）。

从扶贫资金的流向看，全州县 2013 ~ 2016 年共计支出扶贫资金 1.786 亿元，主要用于基础设施建设，其次是产业扶持和教育扶贫等领域。其中，基础设施建设支出 10449.14 万元，占 58.5%；产业扶贫支出 3723.77 万元，占 20.8%；教育扶贫 2644.3395 万元，占 14.8%。

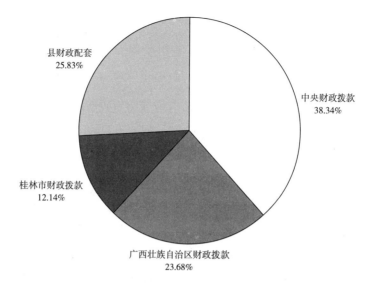

县财政配套
25.83%

中央财政拨款
38.34%

桂林市财政拨款
12.14%

广西壮族自治区财政拨款
23.68%

图 2-2　2013～2016 年全州县扶贫资金投入来源情况

资料来源：根据上文有关数据计算得到。

（二）主要扶贫举措

从 2013 年实施"精准扶贫"政策以来，全州县政府在上级政府的指导下，开展了一系列扶贫工作，主要措施包括基础设施建设、生态示范村建设、产业园建设、产业扶贫项目、小额贴息贷款、技术技能培训和"雨露计划"。

1. 基础设施建设

在精准扶贫中，政府投入了大量资金维护和兴建基础设施，其中包括村屯道路的建设（新建道路、道路硬化、拓宽道路），桥梁、水坝、防洪堤的整修和新建，饮水工程的维护和新建等。仅 2015 年一年，全州县就新建了 129 条村屯公路，修建了 1 处水坝、1 处防洪堤、1 座独立桥，维修 7 处饮水工程，新建 1 处饮水工程，实施了 143 个基础建设项目。

2. 生态示范村建设

从 2015 年起，全州县投资 144 万元在 12 个贫困村实施"生态乡村·村屯绿化"项目，以村屯周围增绿、道路两旁增绿、房前屋后增绿为重点，扩大生态优势，开展"三林两区一道双发展"行动：营造护村林、护路林、护宅林，按照"宜林则林、宜果则果、林果结合"的思路，全面绿化村屯周围 500 米范围内及池塘、河流周边宜林地域；建设休闲林区、生态小区；建设乡村绿道；发展庭院经济和生态产业。[①] 在实现村屯增绿的同时，通过金槐、樟树和桂花树等的种植，农户特别是贫困户的收入增加了。

3. 产业园建设

全州县扶贫办目前在全县着力打造绍水镇下柳村扶贫产业园、东山瑶族乡扶贫产业园、白宝乡白宝村产业园。下柳村产业园以种养为主，连片种植名优特水果（砂糖柑、茂谷柑、沃柑）66.67 公顷，种植反季节大棚蔬菜 3 公顷、种植食用菌 10 公顷，并且建设有良种母猪、竹鼠养殖场各一个。瑶族乡同样以种植为主，种植金槐 866.67 公顷、茶叶 40 公顷、杉树 60 公顷。白宝村产业园种植金槐 66.67 公顷，养殖优质良种母牛 50 头。

4. 产业扶贫项目

全州县组织开展种植扶贫，实施发展养殖业生产脱贫工程。在种植扶贫方面，因地制宜，推动贫困村发展"短、平、快"种植产业，向贫困户发放农资物品，并进

---

① 《全州：生态乡村建设刷新幸福指数》，http://gx.people.com.cn/n/2015/1202/c353634-27231186.html。

行技术培训。截至 2015 年，通过产业扶贫项目，全州县已种植了经济林（果）1057.26 公顷，其中油茶 235 公顷、金槐 413.67 公顷、砂糖橘 185.8 公顷、罗汉果 14.93 公顷。在养殖扶贫方面，按照"宜猪则猪、宜牧则牧、宜渔则渔"的原则，整合产业发展资金，支持贫困地区养殖生产发展和基础设施建设，并组织实施贫困地区养殖培训计划，加强与济南市的扶贫协作，开展办点示范，并支持"公司＋贫困户""合作社＋贫困户"等龙头带动扶贫发展模式，帮助贫困户稳定增收脱贫。在养殖方面，温峤镇、绍水镇、大西江镇的贫困村纷纷开展了养殖肉羊、竹鼠、肉牛的扶贫项目。贫困户开展种植或养殖项目经政府验收通过后，每年可一次性获得扶贫资金2000 元。

5. 小额贴息贷款

按照广西壮族自治区的相关政策，所有贫困户都可以向银行和农村信用社申请贴息贷款。贴息贷款可以用于自家发展生产，也可以委托企业经营。贫困户与合作经营主体的合作期限不能少于 5 年，在前 3 年，合作经营主体每年分配给贫困户的收益不低于委托经营资金的 8%，且这部分收益不发放给贫困户，而是作为该贫困户的自有资金继续注入合作经营主体；3 年之后，合作经营主体每年分配给贫困户的收益不低于委托经营资金的 5%。如此一来，就使贫困户有了较长期的稳定收益。到 2015 年底，全州县已经引导农民贴息贷款 982.8 万元，发放贷款贴息资金49.14 万元。

6. 技术技能培训

为提高贫困劳动力的劳动技能水平，帮助贫困户转变思想观念，拓宽增收致富渠道，全州县扶贫办每年都举办约 10 期农民实用技术培训。这一培训根据当地产业扶贫项目和科技扶贫项目对贫困村及面上村从事农业生产经营的农村建档立卡扶贫对象开展，参训农民可获补助 50 元 /（人·天）。培训工种选项达 110 多种，培训方式包括以乡镇为单位统一办班、以村委为单位办班、以自然村单一种养办班等。同时，全州县每年还组织对贫困劳动力开展短期技能培训，资助 16 ~ 60 周岁、有劳动能力的农村建档立卡扶贫对象参加培训，培训时间为 1 ~ 3 个月，分理论授课和实践技能培训。根据实际情况，全部以"以奖代补"的方式进行补助，补助标准按培训职业工种分类（A 类每人每期 3500 元，B 类每人每期 3000 元，C 类每人每期 2500 元），学员除能在伙食费、住宿费、前往企业就业交通费、考证费等方面获得补助外，还能获得 30 元 /（人·天）的误工费。通过参加实用技术培训和短期技能培训，贫困劳动力的就业和再就业能力有了提升。

7. "雨露计划"

"雨露计划"是教育扶贫的一个专项计划，旨在引导家庭困难的本科、高职高专、中职中专学习的学生接受学历教育，阻断贫困的代际传递。普通高校本科学生每人可一次性获得 5000 元补助；接受职业教育的学生每人每学期可获得助学补助 1500 元。到 2015 年底，全县共有 1030 人申请，审核通过 959 人，发放财政专项资金 337.7 万元。

（三）脱贫现状

通过采取上述举措，全州县的扶贫开发工作取得了较大成效。全县农村贫困人口由 2010 年底的 9.43 万人下降到 2016 年底的 3.1 万人，减少了约 2/3，年均减少 1.06 万贫困人口；贫困发生率由 2011 年的 11.5% 下降到 2015 年的 5.1%，下降了 125.5%，年均下降 1.28 个百分点；贫困村人均纯收入由 2010 年的 2566 元提高到 2015 年的 5328元，增长了 1.1 倍，年均增长 15.73%。2016 年，全州县有 16 个贫困村完成了脱贫摘帽认定（其中，上级下达计划 14 个贫困村，2 个提前脱贫贫困村），3623 户贫困户12467 人实现了脱贫。截至 2017 年 6 月，全州县还有 52个贫困村未脱贫摘帽，8856 户 30458 人未脱贫。

第二节　大西江镇概述及其贫困、扶贫状况

一　大西江镇概况

（一）自然条件与历史沿革

1. 自然条件

大西江镇位于全州县境西北部，距全州县城 37 公里，行政区域面积 337 平方公里。东接文桥乡，南连龙水乡，

西临资源县，北接湖南省新宁县。乡境三面环山，越城岭支脉横亘西北，并环绕至东北部，北面高峰屹立，东西峰峦对峙。地势由西北向东南倾斜。

大西江镇气候温和，雨量充沛，为亚热带季风气候，降水多集中在每年 2～8 月。镇境内土壤肥沃，得天独厚，适宜发展林业。全镇森林覆盖率 89.7%，林地面积 2.47 万公顷，有林面积 1.7 万公顷，以杉木、松木、杂木品种为主，其中炎井村有国家珍稀植物红豆杉 3 棵，最大的直径 2 米，高 15 米。

大西江镇的矿产资源也非常丰富，主要包括煤炭、锡、铅、锌、黄金等，15 个村中有 12 个村贮藏有煤、金、铅、锌、钨、铀等多种矿物，包括越城岭一带钨矿区，鲁屏、广福村煤矿区，良田金矿区等。

全镇风景独特、秀丽，景色宜人，境内旅游资源丰富，景点多，共有 7 个自然景点和人文景观，营业景区 2 个。炎井温泉、千年古樟、玫瑰岩、精忠祠等景点较为知名，炎井村委还获得了由国家旅游局网络认可评选的中国乡村旅游模范村。

2. 历史沿革

大西江镇清朝属万乡，民国二十二年（1933 年）属长万区，民国三十一年（1942 年）属万一乡，驻地沙子坪。解放初属龙水区，1952 年属第八区，1957 年建立大西江乡，1958 年秋与龙水乡合并为龙水公社，1959 年元月从龙水划出成立公社，1961 年属龙水大区，1962 年复称大西江区，1968 年撤区称大西江公社，1984 年改为大西江乡。下辖炎井、五星、月塘、锦塘、满稼、香花、东江、西美、大西江、峡口、良田、文家、沙子坪、鲁屏、广福15个建制村，184个自然村，285个村民小组，镇政府驻大西江村。

（二）社会经济发展状况①

2016年末，大西江镇有户籍常住人口3.76万人，全年新生儿370人，出生率96.4‰，出生男女性别比为103∶100，人口自然增长率为12‰。

2016年全镇实现地区生产总值7.75亿元，增长11.5%；政府财政收入749万元；全社会固定资产投资完成额为9.28亿元，增长8.9%；农民人均纯收入9594元，增长12.3%。

大西江镇是农业大镇，全镇有耕地面积2158公顷（水田1707公顷，旱地451公顷），主要种植水稻，兼种红薯、玉米，主要经济作物有柑橘、茶叶。2016年，大西江镇的粮食播种面积为3947公顷，粮食总产量为2.22万吨。为实现农业结构调整，近些年，大西江镇大力发展白芨、芦笋、三木药材种植以及高山牛、天湖山羊、孔雀、果子狸等地方特色产业。

大西江镇的林业也较为发达，有4个万亩以上的大型林场、10个三级林场。且当地的环境保护措施有力，林区长势良好，林业收入是林区农民的重要收入来源。同时，为促进农民增收，当地积极探索"树下经济"模式，发展

① 这部分中多数数据来源于《大西江镇2016年度年鉴》。

高山油茶、金槐、罗汉果种植产业。

大西江镇的工业基础相对较薄弱，全镇仅有乡镇企业 836 家，从业人员 3700 多人。其中，水电站占有较大比重。大西江镇水利资源丰富，水流湍急，落差大，中小型水电站较多，目前全镇有 37 座水电站，总装机容量达到 3.6 万千瓦，占全州县的 1/3 强，年发电量 1.6 亿万度。其中，装机容量 4000 千瓦的会龙电站是全州县第三大水电站。

（三）基础设施建设和社会事业发展现状 [①]

1. 基础设施状况

大西江镇的基础设施建设总体较为落后，但实施精准扶贫政策以来，这种状况正在改善。目前，全镇共有村级公路 15 条 50 余千米，所有村庄均有硬化道路与乡镇连接，多数自然村之间也有硬化道路连接。

近年来，大西江镇的邮电通信也逐渐发展起来，手机、互联网用户数不断增长。目前全镇有固定电话用户650 户、手机用户 1.56 万户、宽带用户 900 户，手机使用率已经接近 50%。

2. 科教文卫等社会事业发展状况

根据《大西江镇 2016 年度年鉴》，大西江镇的科教文卫等社会事业的发展现状是：在文化教育方面，全镇有普通中学 1 所，教师 51 人，在校学生 729 人；小学 16

所，教师 98 人，在校学生 2418 人；小学适龄儿童入学率 100%；有文化站 1 个，农家书屋 15 个，图书藏量 5.9 万册。在医疗卫生方面，共有医疗床位 27 张，卫生技术人员 13 人，其中执业医师 7 人，注册护士 5 人；参加新型农村合作医疗农民 31450 万人，参合率为 95.68%；发放农村低保款 316.9 万元、五保供养生活费 96 万元。

二 贫困状况及其原因分析

大西江镇的贫困状况较为严重。2015 年建档立卡后，大西江镇共识别出贫困户 883 户，贫困人口 3086 人，占总人口的 8.57%；贫困村 4 个（广福村、LP 村、XK 村、YJ 村），这 4 个贫困村共有贫困户 283 户，贫困人口 1038 人，具体分布情况如表 2-3 所示。全镇的低保户共有 1107 户，与贫困户重合率达 27.9%。

表 2-3　2015 年大西江镇 4 个贫困村的贫困户和贫困人口数量

单位：户，人

贫困村	贫困户	贫困人口
广福村	64	223
LP 村	66	253
XK 村	93	359
YJ 村	60	203

资料来源：数据来源于对大西江镇扶贫办的调查。

从微观角度来分析，大西江镇因病致贫、因学致贫、缺乏劳动力的贫困户较多，这些贫困户很难通过产业帮扶实现脱贫。从贫困户的致贫成因看，因病致贫 256 户共

905 人，占总贫困人口数的 29.33%；因学致贫 239 户共862 人，占总贫困人口数的 27.93%；缺少劳动力致贫 108户共 335 人，占总贫困人口数的 10.86%；因残致贫 25 户共 78 人，占总贫困人口数的 2.53%；缺少土地致贫 11 户共 37 人，占总贫困人口数的 1.19%；缺技术致贫 56 户共224 人，占总贫困人口数的 7.26%；自身发展力不足 6 户共 12 人，占总贫困人口数的 0.39%。①

三　扶贫举措和脱贫情况

（一）扶贫举措

在全州县政府开展的扶贫政策体系内，大西江镇积极推进贫困户扶贫解困工作，其扶贫措施也主要围绕基础设施建设、产业扶贫、小额信贷、产业培训、"雨露计划"、"新农合"开展。

在基础设施建设方面，采取"三个一点"（即财政补贴一点、村民自筹一点、社会力量如在外工作人员和经济能人等资助一点）的模式，对贫困村的基础设施进行改善。镇政府争取了 300 余万元扶贫资金，使镇通行政村的道路实现了 100% 的硬化（包括广福村、LP 村两个贫困村），90% 的自然村实现了村内道路硬化。县扶贫办还争取了 100 余万元，修建了鲁屏、西美、峡口等山泉水饮水工程，解决了近 2000 人饮水问题。截至 2016 年，全镇

① 本段的数据来源于《大西江镇脱贫摘帽工作总结》。

精准扶贫精准脱贫百村调研·广福村卷

85% 以上的自然村架设了自来水或山泉水。目前，已有 7 个村 14 个自然村实现了亮化工程，安装太阳能路灯 380 余盏，其中，贫困村广福村的经济能人捐助了 80 盏太阳能路灯对该村进行亮化。到 2016 年，全镇 15 个行政村已经实现网络连通；镇政府还响应上级号召，开展了"天网工程"，在各村架设了视频摄像头。①

在产业扶贫方面，围绕"村有主导产业、户有脱贫项目、人有增收技能"的目标，加快推进产业扶贫进程。全镇共有 506 户贫困户申报了产业扶持项目资金，待验收后即可获得产业扶持资金（2000 元／户），已发放产业扶持资金 181 户 36.2 万元。大西江镇的村民利用产业扶贫资金共种植了 1970 亩金槐、290 亩罗汉果、4000 多亩油茶，还有 600 多亩杜仲。另外，广福村还建成了 1 个养牛场，养牛 100 余头。2016 年，全镇种植金槐 3000 亩、罗汉果 2600 亩、高山油茶 1 万亩；依托良好的生态环境，大力发展白芨、杜仲、黄柏、厚朴等中药材种植，全镇共种植白芨、杜仲、黄柏、厚朴 600 亩。全镇养殖山羊 3600 头、牛 1000 头、孔雀 200 只、果子狸 300 只，实现养殖户每人每年创收两万元。2016 年，大西江镇被县委、县政府评为"全州县 2016 年度农业产业结构调整先进单位"。

在小额信贷方面，由农户向银行或农村信用社提出申请，银行和农村信用社对农户进行信用评级后，分别给予不同额度的贷款，贷款利息由政府贴息支付。截至 2016

---

① 本段的部分数据来源于《大西江镇扶贫工作总结》。

年，全镇883户贫困户中，评级授信838户，授信额为1万~5万元/户，共发放169笔733.9万元贷款，贫困户已使用贷款80笔309.9万元。总体来看，获得小额信贷的贫困户比例还较低。

在危房改造、移民搬迁方面，2016年全镇共完成59户农户的危房改造建设，申请易地扶贫搬迁（至县工业园区）192户720人移民，贫困户的居住条件有了不小改善。

在产业技术培训方面，大西江镇扶贫办和县农业局联合组织了多次产业技术培训，请农业技术人员对种植大户、贫困户就罗汉果、金槐等种植技术进行了多次培训和现场指导。

在"雨露计划"实施方面，全镇883户贫困户的717名学生都顺利地接受了九年制义务教育，适龄未成年人义务教育就读率达到100%。另外，2016年，进入高等院校（包括普通大学本科和高职高专）的33名贫困生申请并获得了"雨露计划"资助，从而得以接受高等教育，这有利于阻断贫困的代际传递。

（二）驻村队员和帮扶单位工作情况

大西江镇有第一书记4名，驻村队员11名，帮扶单位6个，市县派驻到该镇开展"一对一"结对帮扶的单位14个665人，在4个贫困村建立驻村帮扶工作组，落实帮扶责任人，实现"一村一组、帮扶到户"的精准扶贫。所有结对帮扶的党员干部都进村入户1次以上，对全镇883户建卡贫困户进行走访摸底，全部下村完成"一户一册一卡"填写工作。同时，全面了解和掌握了建卡贫困户的家庭情况和致贫原因，建立帮扶档案，结合基础设施、产业发展、民政保障、社会解贫等帮扶政策措施，量身定制脱贫计划，进行挂牌公开帮扶。[①]

（三）脱贫状况

总体上看，大西江镇在精准识别的基础上，通过进一步建立健全扶贫工作机制，通过扶持产业、转移就业、低保兜底、危房改造、移民搬迁等各项帮扶措施，推进扶贫政策的落实和扶贫攻坚进程，在贫困治理方面取得了很大成效。

按照广西壮族自治区政府的要求，贫困村要达到"十一有一低于"指标才能成为脱贫村，即贫困发生率低于3%、有硬化路、有水喝，有稳固住房、有电用、有服务设施、有电视看、有网络宽带、有医疗保障、有集体经济收入、有特色产业、有好班子。按照这一标准，全镇4个贫困村中，广福村、LP村已于2016年脱贫摘帽，上述有关指标都已达标。

贫困户的家庭生活条件达到"八有一超"才能脱贫，即有收入来源、有住房保障、有基本医疗保障、有义务教育保障、有路通村屯、有饮用水、有电用、有电视看，家庭当年人均纯收入超过国家现行扶贫标准。按照这一标准，2015年，大西江镇实现贫困人口490户1506人脱贫；

---

① 数据与资料来源于《大西江镇脱贫摘帽工作总结》。

2016 年全镇脱贫贫困户 254 户，脱贫人口 907 人。截至 2016 年 11 月，大西江镇总贫困人口数从 3086 人减少到 1223 人，贫困发生率从 8.57% 降到 3.39%。从基本医疗保障情况看，截至 2016 年，大西江镇全镇新型农村合作医疗参保率达到 96.3%，其中贫困户的参保率达到 100%，"有医疗保障"已经全部实现。

第三章

村庄贫困与精准识别

第一节　广福村基本情况

广福村位于大西江镇西南部，村域面积 8.671 平方公里，是一个行政建制村，西北与鲁屏村相连，南部与龙水镇接壤，下辖岩头上、烟山岭等 10 个自然村 12 个村民小组。广福村距离全州县县城 37 公里，距离大西江镇人民政府 13 公里。

广福村地处亚热带季风气候地区，夏季炎热多雨，冬季偶有寒潮。这一气候条件使当地适合种植水稻、玉米等粮食作物以及金槐、砂糖橘、罗汉果等经济作物。村域内地形以低矮丘陵为主，坡度较为和缓，较为适合发展种植业和林业。

图 3-1　广福村一角概貌

（粟后发拍摄，2016 年 12 月）

受地形、气候和劳动力外流的影响，广福村村民的经济收入以种植、养殖和外出务工为主。全村共有耕地 1543 亩（其中有效灌溉面积 1121 亩）、园地面积 50 亩（含桑园、果园、茶园）、林地面积 15000 亩、养殖水面 20 亩。2016 年底，土地确权登记发证面积 1121 亩，未发包的集体耕地面积 400 亩，全村还有 300 亩耕地闲置抛荒。2016 年，广福村的水稻种植面积为 1021 亩，占耕地的 66.17%，单产约为 250 公斤 / 亩；玉米种植面积 350 亩，占耕地的 22.68%，单产约为 200 公斤 / 亩；红薯种植面积为 200 亩（部分种植在非耕地上），单产为 375 公斤 / 亩。同时，广福村村民也从事小规模养殖。全村共养殖约 200 头猪、80 头牛和 4000 只鸡。

外出务工是广福村村民的主要收入来源，2016 年，有 658 人外出务工,且不少村民是举家外出务工。2016年,广福村共有 112 户 350 人举家外出,外出务工农户占22.18%,外出务工劳动力占劳动力人口的 48.95%。从外出务工持续时间看,有 213 个劳动力外出务工半年以内;445 个劳动力外出务工半年以上,占 67.63%。从外出务工的地域分布情况看,外出到省外的劳动力有 342 人,占51.98%;外出到省内县外的劳动力有 227 人,占 34.5%。从所从事的行业看,外出务工的劳动力主要从事制造业和服务业。可见,广福村村民们的外出务工活动具有在外时间长、距离远的显著特点。长时间的外出务工提高了当地村民的收入水平,2016 年广福村村民的年人均纯收入达到3900 元。

全村共有 505 户 1633 人,劳动力人口为 715 人,在村常住人口为 898 人。其中,建档立卡贫困户有 64户,占 12.67%;贫困人口 223 人,占 13.66%;低保户43 户、五保户 12 户,合计占建档立卡贫困户的比重为85.94%;低保人口 142 人、五保人口 13 人,合计 155人,占建档立卡贫困人口的 69.51%。在常住人口中,60 岁以上的老年人约有 260 人,占 28.95%。整体来说,广福村的人口结构属于"成熟型",劳动力人口比例较高;但常住人口的比例非常低,仅占 54.99%,成年劳动力大量外流。

广福村的社会治安状况良好,近两年没有发生过打架斗殴或盗窃等治安事件,也几乎没有村民上访。

第二节　广福村贫困的历史演进

一　贫困的内涵和标准

何为贫困？不同的学者有不同的定义。最早试图对贫困进行界定的是英国行为科学的先驱朗特里（Rowntree）。朗氏在 1899 年对英国约克市的调查研究中，将贫困定义为"家庭总收入不足以获得维持基本生存需要的生活必需品"的状态。[1] 也就是说，以必须满足"生理效率"的收入为分界线，以此划分贫困和非贫困[2]。此后相当长的时间里，学者大多倾向于从收入水平（绝对贫困）的角度对贫困进行定义。20 世纪 50 年代以来，蒂特马斯（Titmuss）、汤森（Townsend）等社会政策领域的学者开始将相对贫困纳入视野。进入 80 年代，阿玛蒂亚·森提出，个体的贫困状况不应该以单一的收入或消费指标来测量，贫困的根本原因是发展的权利和能力被剥夺[3]。阿玛蒂亚·森的研究极大地启发了学术界，随着世界范围内绝对贫困人口的减少，相对贫困和发展型贫困开始受到更多关注。

目前，国际上衡量贫困的标准主要可以划分为三

---

[1] 谭诗斌：《贫困概念的经典释义——贫困经济学理论探讨之一》，https://wenku.baidu.com/view/d8e08533b90 d6c85ec3ac6f1.html。

[2] 冯瑛：《贫困定义的演化及对中国贫困问题的思考》，《经济研究导刊》2010年第 6 期。

[3] 马新文：《阿玛蒂亚·森的权利贫困理论与方法述评》，《国外社会科学》2008年第 3 期。

类：收入标准、人类发展指数（HDI）和多维贫困指数（MPI）[①]。1990年，世界银行根据当时33个国家的贫困线和购买力水平，划定了每人日均1美元的贫困线标准，此后经过两次调整，目前的国际贫困线标准为1.9美元[②]。同年，联合国开发计划署建立了HDI，用以衡量世界各个国家和地区经济社会发展的综合水平，体现了从发展视角看待贫困问题的思想。多维贫困指数的提出在很大程度上基于阿玛蒂亚·森对贫困问题的拓展性研究，其指数的构建往往将教育、医疗、住房等社会保障及公共服务方面的需求纳入，以求更好地评估贫困状况和减贫效果。

中国的贫困概念主要在绝对贫困意义上使用，依据最低生存需求来定义，贫困标准是基于对维持个人或家庭的生存所必需的食物消费和收入水平确定的[③]，具体的贫困线标准由国家统计局测定。除国家线外，各地民政局亦有城乡最低生活标准。相比之下，前者具有更重要的意义，是中央确定扶贫对象、分配扶贫资金的工作标准。国家贫困线的最近一次调整是在2011年，为每年人均纯收入2300元，以后每年可以按照此基准（不变价）进行调整。根据这个标准，中国还有8249万贫困人口，占农村总人口的13%，占全国总人口近1/10。从贫困的类型来看，除了个体贫困，还有群体性贫困、区域性贫困。

[①] 王小林:《贫困标准及全球贫困状况》,《经济研究参考》2012年第5期。
[②] 刘劼、江宇娟:《世行上调国际贫困线标准》,《光明日报》2015年10月6日。
[③] 沈红:《中国贫困研究的社会学评述》,《社会学研究》2000年第2期。

例如，《中国农村扶贫开发纲要（2011—2020年）》就指出，六盘山区、秦巴山区、武陵山区、乌蒙山区、滇桂黔石漠化区、滇西边境山区、大兴安岭南麓山区、燕山—太行山区、吕梁山区、大别山区、罗霄山区等区域的连片特困地区和已明确实施特殊政策的西藏、四省（青海、四川、云南、甘肃）藏区、新疆南疆三地州是扶贫攻坚主战场。这些地区主要集中为少数民族地区、革命老区、边境地区和特困地区。除此之外，还有以行政区域划分的贫困县和贫困村。虽然贫困县和贫困村的划定主要以人均收入①为标准，但在扶贫开发任务上对基础设施、公共服务、资源生态上都有明确的要求。②

二 广福村贫困的历史阶段

2011年，广福村所在的省级政府制定了《农村扶贫开

---

① 例如，对于贫困县，1992年年人均纯收入超过700元的县，一律退出国家级贫困县；低于400元的县，全部纳入国家级贫困县。对于贫困村的划定，不同的省份有不同的标准，根据国务院《扶贫开发建档立卡工作方案》要求，原则上要按照"一高一低一无"的标准进行，即行政村贫困发生率比全省贫困发生率高1倍以上，行政村2013年全村农民人均纯收入低于全省平均水平60%，行政村无集体经济收入。

② 《中国农村扶贫开发纲要（2011—2020年）》就基础设施做了明确的规定。例如，在饮水上，到2015年，贫困地区农村饮水安全问题基本得到解决；到2020年，农村饮水安全保障程度和自来水普及率进一步提高。在生产生活用电上，到2015年，全面解决贫困地区无电行政村用电问题，大幅减少西部偏远地区和民族地区无电人口数量；到2020年，全面解决无电人口用电问题。在交通上，到2015年，提高贫困地区县城通二级及以上高等级公路比重，除西藏外，西部地区80%的建制村通沥青（水泥）路，稳步提高贫困地区农村客运班车通达率；到2020年，实现具备条件的建制村通沥青（水泥）路，推进村庄内道路硬化，实现村村通班车，全面提高农村公路服务水平和防灾抗灾能力。

发"十二五"规划》。次年,广福村被评定为贫困村。尽管广福村被评定为贫困村的时间较晚,但贫困是广福村长期存在的问题。与大部分西部山区农村一样,资源禀赋少和地处偏远是广福村贫困的基本原因。正如广福村村干部所言,广福村人均耕地少,是村庄贫穷的主要原因。除此之外,广福村还经常遭遇干旱。广福村水利设施落后,大部分水田受降水影响非常大,只要秋季雨水少,第二季水稻就会减产甚至绝收。这种情况在地处高山边缘的自然村尤为突出,在有的年份村民只能种一季。在地理上,广福村位置偏远、四面环山,在修通村公路以前,交通十分不便,缺乏发展商业和工业的基础条件。

一般而言,贫困往往会被打上时代的烙印。农业集体化时期,贫困在全国都是一个普遍问题。广福村也不例外,粮食短缺、现金缺乏、市场凋敝、生活用品不足等现象普遍存在于每一个农户家庭。总体而言,这一时期的贫困呈现出面广、量大、根深的特征。改革开放以来,随着农业增长和市场经济的发展,农民的温饱问题逐渐得以解决,家庭收入不断增加,但贫困现象依然突出。就广福村而言,其自改革开放以来贫困的演进大致可以分为以下三个阶段。

1. 以挖煤为生阶段(1980~2003年)

在这一阶段,村民的家庭收入主要来自种地和挖煤两项。因为挖煤能够为村民带来不错的收入,所以,在这一时期,即使国家逐渐放开人口流动限制,广福村大部分劳动力也没有外出务工,而是一边经营农业,一边挖煤。正如村主任所言，"以前我们主要靠挖煤维持生活，挖煤的收入远远超过种田所得"。虽然有挖煤支持家庭生计，不过，当时农业产量较低，加上20世纪90年代农民的负担又很重，因此，从整体上看，农民的收入水平很低，只能维持基本的家庭生活需要。同时，村庄基础设施十分落后，公共服务极度缺乏，大部分村民处在贫困状态中。

2. 外出务工阶段（2003~2012年）

因煤矿伤人等安全事故容易发生，2003年，当地政府出于安全方面的考虑，取缔县域内所有小煤矿。被限制挖煤后，广福村村民的生计结构发生了重大变化，以挖煤为生的村民失去了家庭主要收入来源，基本上只能依靠种田为生。然而，由于人均土地面积小，交通不便，种田收入十分微薄，仅能解决温饱。而与此同时，家庭开销却随着市场的发展而日益增长，所以，村民的生活明显变得十分困难。为了改善家庭经济状况，村里的青壮年劳动力纷纷外出务工，甚至举家外出。此后，务工收入成为广福村村民家庭收入的重要组成部分，村民的经济状况有所改善。不过，由于外出务工收入低且不稳定，广福村村民的生活依然处在较低水平。

3. 精准扶贫阶段（2013年以来）

经过十多年的外出务工，广福村大部分村民家庭的生活状况都有了显著改善。但是，广福村整体的贫困情况依然严峻，基础设施破旧、公共服务缺乏等村庄层面的贫困依然没有得到改善；一些患有严重疾病、教育负担过重、缺乏劳动力以及遭遇重大事故的村民家庭仍然在温饱线上挣扎。2012年，广福村被评定为贫困村后，开始享受国家扶贫政策的扶持。中央于2013年提出实施精准扶贫政策以来，解决贫困问题成为全面建成小康社会的国家战略，扶贫力度进一步加大。在此背景下，大量的资源和项目进入广福村。近5年来，广福村发生了较大变化，尤其是水、电、路等基础设施状况和物质条件明显改善。正如村主任所言，"以前连路也没有，现在全村的道路基本上都硬化了，比以前好很多"。对于贫困户，政府也采取了各种针对性措施，例如发展产业、危房改造等，一定程度上缓解了其贫困状况。

第三节　广福村的发展现状

一　村庄整体贫困状况

广福村的人均纯收入低，贫困发生率非常高。以"一高一低一无"的前两条标准来看，广福村农民人均纯收入远低于全省平均水平60%，贫困发生率比全省贫困发生率高一倍。具体来看，2016年，全省的农民人均纯收入是10359元，而问卷调查显示，广福村的人均纯收入约为3900元，只占全省农民人均收入的37.6%。2016年底，全村有 505 户 1633 人。其中，建档立卡贫困户 64 户，实际贫困户 70 户，低保户 43 户，五保户 12 户；建档立卡贫困人口 223 人，实际贫困人口 246 人，低保人口 142 人，五保人口 13 人，残疾人口 42 人。建档立卡贫困户和实际贫困户的比重分别为 12.67%、13.86%，而建档立卡贫困人口和实际贫困人口比重分别为 13.66%、15.06%，该村贫困人口发生率几乎是全省 2016 年贫困人口发生率 7.9% 的两倍。由此可见，广福村的贫困发生率非常高。这与根据省扶贫开发领导小组规定的"行政村贫困发生率不能高于 3%"脱贫摘帽的标准还有相当一段距离。

广福村人多地少，农业现代化水平很低。人口和劳动力大量外流，村庄发展的内部资源和内生动力不足。全村耕地面积 1543 亩，人均 0.94 亩；有效灌溉面积 1121 亩，人均 0.69 亩。农业生产主要种植水稻、玉米和红薯等传统农作物，经济作物很少。由于地形不平坦，田（地）块零碎，先进的农业生产技术和物质装备难以进入村庄，村庄无法实现规模化经营。另外，村内从来没有企业，现阶段也没有成立专业合作社、农技协等合作经济组织。村内没有家庭大户，只有 2 个专业大户，分别为养牛大户和种田大户。总而言之，广福村的农业经营主体单一，农业现代化水平很低。村民的收入来源主要是外出务工。根据村问卷统计得出，2016 年底村庄常住人口的比重只有 54.99%，45% 的村庄人口外出；村庄劳动力 715 人，占总人口的 43.78%，而外出半年以上劳动力有 445 人，占村庄劳动力的 62.24%。劳动力大量外出，使村庄发展陷入困境，最明显的表现就是村庄空心化，老人小孩留守在村里，大量农田抛荒，在种的水稻也由两季改为一季。同时，六成以上劳动力外出也使村庄公共设施建设缺乏劳动力。

广福村地理位置偏远，自然村分散，基础设施和物质条件相对落后。广福村距县城 37 公里，距乡镇政府 13 公里，10 个自然村和 12 个村民小组的分布相对分散。国家实施精准扶贫政策以来，行政村与乡镇、行政村与行政村之间的道路逐步硬化，与过去相比得到了极大的改善。但广福村村内道路硬化尚未完成，入户路还有很多是泥土路。且村庄网络的接入率较低，全村只有 10 户村民的电脑联网；18 户村民家中还没有电视机。在住房方面，广福村户均宅基地面积仅为 65 平方米，远低于 2013 年《广西壮族自治

图 3-2 广福村贫困户的房屋

（粟后发拍摄，2016 年 12 月）

图3-3 广福村中的老房屋

（粟后发拍摄，2016年12月）

区农村宅基地审批管理办法》所规定的上限；[1]楼房的比例虽达到70%，但还有20户村民的房屋属于危房。在调查中发现，有一户贫困户甚至没有圈舍来发展政府扶持的养殖产业，还有几户贫困户在修好住房框架后，却无钱装修。

二 村集体财务状况

从全国村级集体经济组织的收入情况来看（见表3-1），村级集体经济组织的总收入、经营性收入以及各级财政补助收入在2011～2016年均有所增加，其中，各级财政补助收入的增幅最大。2014年，全部统计的58.4万个

---

① 该办法由广西壮族自治区人民政府印发，第十二条规定：农村宅基地面积，平原地区和城市郊区每户不得超过100平方米，丘陵地区、山区每户不得超过150平方米。

村中，经营收益为 0 的村达 32.3 万个，占 55.3%。2016 年，全部统计的 55.9 万个村中，村集体没有经营收益或经营收益在 5 万元以下的"空壳村"有 41.8 万个，占 74.8%。

表 3-1　全国村级集体经济组织收入情况

年份	总收入（亿元）	村均（万元）	经营性收入（亿元）	村均（万元）	各级财政补助收入（亿元）	村均（万元）
2011	3364.9	57.1	1310.7	22.2	506.5	8.6
2013	3871.9	66.0	1411.8	24.0	692.5	11.8
2014	4005.8	68.5	1405.4	24.0	775.7	13.3
2016	4256.8	76.2	1417.5	25.4	983.3	17.6

资料来源：《2012 年村级集体经济组织收入情况》，《农村经营管理》2013 年第 5 期；《2013 年村级集体经济组织收支情况》，《农村经营管理》2014 年第 5 期；《2014 年村级集体经济组织收支情况》，《农村经营管理》2015 年第 5 期；《2016 年农村集体经济组织运行情况》，《农村经营管理》2017 年第 8 期。

从全国村级集体经济组织支出情况来看（见表 3-2），村级集体经济组织的总支出和管理费用在 2011 ~ 2016 年逐年增加，但经营性支出大致呈下降趋势。进一步从管理费用构成看，2014 年，干部报酬 291.3 亿元，村均 5.0 万元，占村均管理费用的 38.0%；订阅报刊费 13.9 亿元，村均 0.2 万元，占村均管理费用的 1.8%。2016 年，干部报酬占村均管理费用的 40.9%；订阅报刊费占村均管理费用的 1.6%。

表 3-2　全国村级集体经济组织支出情况

年份	总支出（亿元）	村均（万元）	经营性支出（亿元）	村均（万元）	管理费用（亿元）	村均（万元）
2011	2330.2	39.6	901.0	15.3	647.8	11.0
2013	2667.3	45.4	937.0	16.0	738.1	12.6
2014	2686.5	46.0	864.4	14.8	766.5	13.1
2016	2798.9	50.1	794.9	14.3	898.4	15.6

资料来源：同表 3-1。

与中国超过一半的村级组织没有经营性收入一样，广福村没有集体经济组织，没有集体经营性收入，不过，村集体对外出租山林地50亩，有少量土地租赁收入。但是，这一收入基本不能为村庄发展提供资金，村委会运行基本上依靠政府财政拨款。以2016年为例，广福村在集体收入方面，获得上级补助76600元，经营性收入为0元。在村集体支出方面，村干部工资总计45600元，占当年支出的约六成；水电等办公费用600元，订阅报刊费2000元；困难户补助费1200元等。

三 村庄设施与公共服务状况

实施精准扶贫政策以来，广福村在道路、水电、网络通信、卫生环境、文娱设施等方面取得了巨大的成就。

1.道路方面

广福村道路设施修建基本完善，以水泥路为主。村镇公路把广福村和大西江镇连接起来，村民们坐车去镇上非常方便，镇上有长途汽车到全州县、桂林市。通村（村委）道路路面宽4.5米，总长13公里。通村民小组的道路长8.1公里，尚有1公里未硬化。村内部分道路有路灯，大部分自然村道路没有路灯。总体而言，近几年村庄道路改善程度较大。例如，2015年，新建通村沥青（水泥）路1.8公里，新建村内道路3.1公里，受益户171户；2016年，新建村内道路2.9公里，受益户310户。道路的改善极大地方便了村民的出行，村庄整体面貌也发生了重大变化。

2．水电设施方面

截至 2016 年底，广福村集中供应自来水的比重为 80%，自来水每吨 0.5 元；全村 395 户（80%）的村民已经使用上集中供应的、经过净化处理的自来水，其他 110 户（20%）村民虽饮用的是井水或泉水，但由于当地自然环境好，饮水安全有保障。此外，村庄还有 4 个水窖、1 个排灌站和 1100 米水渠，满足了农业灌溉需求。广福村电力供应也有保障。近年来，供电设施得到改善，全村 505 户全部接入村庄电网，用电单价是 0.5 元 / 度，2016 年只发生了 3 次停电情况，电路总体运行状况良好，能够保证村民的生产生活。

3．网络通信方面

广福村村内设有有线广播，村委会可以即时向村民发布各种政策信息。电话和网络也逐渐在村民中普及起来，村委会电脑在 2016 年已经连上了宽带，10 户村民家里装上了宽带，网络接入率低与村里青年人大量外出有很大关系。村内手机信号全面覆盖，有 617 个村民使用智能手机，只有 3 户家中既没有手机也没有电话。村内没有有线电视，487 户村民家能收看卫星电视（占 96.44%），只有 18 户村民家没有电视机。

4．卫生、养老、环境方面

广福村医疗条件简陋，医疗设施较少，但基本能满足日常医疗需求。村内有一个卫生室和一个药店，有 2 个拥有行医资格证的医生。在村两委的组织下，广福村村民基本实现了"病有所医、老有所养"：已经有 476 户 1438 人参加农村新型合作医疗，每年每人缴纳 120 元，"新农合"参保农户占 94.26%，参保率达到 88.1%。村内有 1 个敬老院，目前生活有7位老人。有405户1119人参加了社会养老保险，参保农户占80.2%，养老保险参保率也达到68.5%。在环境保护方面，按照上级主管部门的要求，村内设立了7个垃圾池、60个垃圾箱，并在每个自然村安排了1个专门的清扫人员。85%的垃圾实现集中处理，村庄环境相较之前改善很多。

5. 文娱设施方面

广福村内目前有1个占地80平方米的图书室，现有藏书2000册，月均使用7人次。村内现存的唯一小学兴建于1999年，建筑面积1200平方米，有3位公办教师、113名学生，并且能为学生提供午餐。村内还有1个体育健身场所、1个老年协会社团，无棋牌活动场所。广福村没有农民文化技术学校，村内也没有举办过农业技术讲座，但有5人参加过农业技术培训，其中3人获得县级以上培训证书，成为村里的农业技术人员。

图3-4　广福村的养老院

（粟后发拍摄，2016年12月）

四 村民的生产生活现状

根据广西壮族自治区的贫困户识别标准，贫困户是指对照"精准识别入户评估表"计算的评分低于 60 分，没有达到"八有一超"脱贫标准的农户。[①]2016 年初，全村建档立卡贫困户 64 户，实际贫困户为 70 户。在识别出的贫困户中，部分贫困户的致贫原因主要是劳动力不足、田地少，而超过一半的贫困户是教育、疾病等原因导致收支失衡，家庭收入不足以维持他们生产生活的需要。

仅仅从"两不愁三保障"和"八有一超"的脱贫标准来看，广福村贫困户在吃穿、医疗保障、义务教育保障、安全饮水、通自然村道路、用电等方面都基本满足要求，住房保障水平也有所提高；但贫困户面临的突出问题——增加收入以及保持稳定的收入来源——仍然没有解决。贫困户脱贫要求家庭人均纯收入超过国家扶贫标准（2015 年为 2855 元），于广福村贫困村民而言，仅仅依靠种地不可能达到国家扶贫标准。根据农民的估计，在不考虑家庭劳动力投入回报的情况下，一亩地的收入一般为 800 元左右。从这一角度来看，广福村的脱贫攻坚任务艰巨。

为系统深入了解广福村村民的生产生活现状，课题组于 2017 年 1 月对广福村 60 户农户样本开展了调查。其中，建

---

① "八有"即有稳固住房，有饮用水，有电用，有路通自然村，有义务教育保障，有医疗保障，有电视看，有收入来源或最低生活保障。"一超"即家庭人均纯收入超过国家扶贫标准。

图 3-5　广福村某贫困户厨房概貌

（齐云晴拍摄，2017 年 6 月）

档立卡户 30 户，包括 8 户一般贫困户、1 户低保户、5 户低保贫困户和 16 户脱贫户；非建档立卡户 30 户，都是非贫困户。[①] 以下将结合调查数据从三个方面来展开具体分析。

（一）人口与住房情况

根据调查结果（见表 3-3），受访者家庭人口平均规模为 4 人，最少 2 人，最多 10 人；家庭规模为 4～5 人的样本占 53.33%；43.33% 的家庭中有 1 人身体不健康，25% 的受访者家庭有 2 人身体不健康。通过交叉分析发现，贫困户与非贫困户在家庭人口规模和家中不健康人数方面

---

① 受访者的平均年龄为 54 岁，最小为 32 岁，最大为 74 岁。受访者中，56 人是男性，占 93.33%；48 人已婚，占 80%；51 人的文化程度为小学或初中，占 85%；53 人为普通农户，占 88.33%。受访者中非党员占绝大多数，只有 2 人为党员。身体健康的受访者 34 人，仅占 56.67%。30% 的受访者患有长期慢性病，35% 的受访者丧失部分劳动力或无劳动力，45% 的受访者没有务工。

没有显著差别。

在住房方面，从整体情况看，截至 2016 年底，70%
的广福村村民已经住上了楼房，30% 的村民住砖瓦房或
者钢筋水泥房，户均宅基地面积已经达到 65 平方米。多
数村民都能够"居有所安"。不过，还有 20 户村民的房
屋目前处于危房状态，正在申请危房改造资金。

图 3-6　广福村的房屋掠影

（粟后发拍摄，2016 年 12 月）

从调查对象的住房情况看，受访者家庭的住房主要为
平房，只有不到 1/3 的家庭住楼房；超过 3/4 的受访者家
庭房屋状况一般或良好，政府没有认定但自认为属于危房
的家庭占 18.64%（见表 3-3）。进一步的交叉分析表明，
贫困户与非贫困户在住房条件方面的差别不显著。30 户建
档立卡贫困户样本中，25 户的住房为平房，20 户的住房
状况一般或良好，2 户的住房属于政府认定的危房。而在

30 户非建档立卡贫困户样本中，只有 16 户的住房为楼房，26 户的住房状况一般或良好，没有住房被政府认定为危房的非建档立卡贫困户样本。

表3-3 受访者家庭人口规模与住房情况

单位：户，%

指标	分组	频数	百分比	指标	分组	频数	百分比
家庭人口	2～3人	22	36.67	家庭中不健康的人数	0人	18	30.00
	4～5人	32	53.33		1人	26	43.33
	6人及以上	6	10.00		2人	15	25.00
住房状况	状况一般或良好	46	77.97		3人	1	1.67
	被政府认定为危房	2	3.39	住房类型	平房	41	68.33
	没被认定，但自认为属于危房	11	18.64		楼房	19	31.67

（二）家庭收支与借贷情况

根据调查结果（见表3-4），受访者2016年家庭纯收入的平均值为31607元，[①] 但差距非常大，最小值为2412元，最大值为110920元，标准差为24007。工资性收入是受访者家庭纯收入的主要构成部分，2016年的平均工资性收入为21336元，是2016年家庭纯收入均值的67.50%；其次为农业经营收入和补贴性收入，2016年这两者的平均值分别为2784元和2149元，在家庭纯收入中分别占8.81%和6.80%。

进一步分析发现，贫困户与非贫困户之间的收入差异

---

① 受访者家庭中，2016年家庭纯收入低于10000元的占16.67%，低于20000元的占41.67%，高于60000元的占11.69%。

显著，非贫困户家庭纯收入均值更高，相比于样本贫困户高出 3497 元；样本贫困户的工资性收入均值显著低于非贫困户，但农业经营收入和补贴性收入分别是样本非贫困户的 2.02 倍和 10.21 倍。可见，贫困户主要在家种地，获得的工资性收入少，国家对贫困户的收入支持力度远大于非贫困户。

从家庭支出状况来看（见表 3-4），受访者家庭的生活消费总支出平均为 23922 元，[①] 差距也非常大，最小值为 2840 元，最大值为 171050 元，标准差为 29753。食品支出是广福村村民家庭生活消费总支出的主要构成部分，平均支出为 9386 元，占生活消费总支出的 39.24%；其次是教育和医疗支出，平均支出分别为 6983 元和 5129 元，分别占 29.19% 和 21.44%。此外，礼金支出也是不可忽略的部分，广福村样本村民家庭在这方面的平均支出为 1834 元，占 7.67%。

进一步分析发现，非贫困户的生活消费支出均值高出贫困户 5868 元；两者在食品支出方面差异最大，非贫困户的食品支出均值是贫困户的 2 倍；非贫困户的礼金支出远高于贫困户，但教育支出和医疗支出低于贫困户，相对而言，贫困户在教育和医疗方面的负担较重。奇怪的是，与恩格尔系数的经验意义不同，贫困户的食品支出占比并没有预期的高，只占 29.83%，甚至低于教育支出的比重（35.36%）；相反，非贫困户的食品支出比重

---

① 进一步来看，生活消费总支出低于 10000 元的受访者家庭占 23.73%，低于 20000 元的占 66.10%，50000 元以上的仅占 5.07%。

很高，达到 46.74%。这可能是由于较多样本贫困户是因学致贫。

从村民的家庭存款和借款情况来看（见表 3-4），有存款的受访者家庭占 58.62%，存款平均值为 9949 元；[①] 有借款的受访者家庭占 45.76%，借款的平均值为 25037 元。[②] 非贫困户家庭存款均值和借款均值都高于贫困户，分别高出 923 元和 6151 元。仅从调查结果来看，贫困户和非贫困户的借款都远高于其存款，非贫困户借款均值是其家庭纯收入的 85.99%，而贫困户借款均值是其家庭纯收入的 75.46%。

表 3-4　受访者家庭 2016 年的收支、借贷情况

指标	观测值（户）	均值（元）	标准差	最小值（元）	最大值（元）	贫困户均值（元）	非贫困户均值（元）
家庭纯收入	60	31607	24007	2412	110920	29858	33355
工资性收入	60	21336	22060	0	102400	20545	22127
农业经营收入	54	2784	4288	0	22900	3725	1842
补贴性收入	57	2149	4984	0	29646	3972	389
生活消费总支出	59	23922	29753	2840	171050	20938	26806
食品支出	60	9386	17930	0	125000	6246	12529
教育支出	60	6983	14199	0	100000	7403	6562
医疗支出	60	5129	8963	0	60000	5287	4972
礼金支出	58	1834	1502	0	8000	1437	2261
存款	34	9949	10297	276	40000	9433	10356
借款	27	25037	23959	1000	110000	22531	28682

[①]　其中，存款金额为 10000 元以下（含）的样本农户占 73.53%，存款金额为 20000 元以下（含）的样本农户占 91.18%。

[②]　其中，借款额为 10000 元以下（含）的样本农户占 37.04%，借款额为 20000 元以下（含）的样本农户占 51.85%，借款额为 50000 元以下（含）的样本农户占 92.59%。

（三）村民对生活主要方面满意程度的评价

根据调查结果（见表 3-5），受访者对住房的满意程度不高。在受调查的 60 户农户中，只有 45% 的受访者对住房"非常满意"或"比较满意"，而有 35% 的受访者"不太满意"，更有 8.33% 的受访者"很不满意"。进一步的交叉分析结果表明，贫困户对住房的不满意程度高于非贫困户，但对住房"比较满意"的贫困户也多于非贫困户。总体上，两者对住房的满意程度没有显著差异。①

受访者对收入状况的满意程度很低。对收入状况表示"不太满意"或"很不满意"的受访者占 58.34%，没有人表示"非常满意"，表示"比较满意"的也只占 8.33%。进一步的交叉分析结果显示，对收入状况"比较满意"和"不太满意"的贫困户都少于非贫困户，但满意程度为"一般"和"很不满意"的贫困户也多于非贫困户。总体上，两者对收入状况的满意度没有显著差异。

受访者对周围环境的满意程度相对较高。65% 的受访者表示对周围环境"非常满意"或"比较满意"，但也有 20% 的受访者表示"不太满意"或"很不满意"。进一步交叉分析结果显示，对周围环境"比较满意"的贫困户多于非贫困户，但对周围环境"非常满意"的贫困户少于非贫困户。总体上，两者对周围环境的满意程度

① 这与样本量有关，由于样本量小，分析结论可能并不稳健。下同。

没有显著差异。

受访者对生活整体现状的满意程度为中等偏上。对生活现状表示"比较满意"或"一般"的样本占78.33%，表示"非常满意"和"很不满意"都只占5%。进一步交叉分析结果显示，对生活现状表示"比较满意"的贫困户少于非贫困户。不过，两者对生活现状的满意程度并没有显著差异。

表 3-5　受访者 2016 年对生活各方面的满意程度状况

单位：%

方面	非常满意	比较满意	一般	不太满意	很不满意
住房状况	15	30	11.67	35	8.33
收入状况	0	8.33	33.33	41.67	16.67
周围环境状况	25	40	15	18.33	1.67
生活整体现状	5	40	38.33	11.67	5

资料来源：课题组的调查。

与过去 5 年相比，广福村大部分受访者都认为家庭生活状况有所改善，60% 的受访者表示现在生活比 5 年前"好一些"，23.33% 的受访者表示现在生活比 5 年前"好很多"。但受访者对未来 5 年生活变化的畅想不太乐观，只有 16.67% 的受访者表示会比现在"好很多"，46.67% 的受访者表示会比现在"好一些"，而有 30.00% 的受访者表示"不好说"。进一步交叉分析发现，相比于非贫困户，贫困户的感知不太乐观。感觉现在生活比 5 年前"好一些"和未来 5 年比现在生活"好一些"的贫困户多于非贫困户，而感觉"好一些"的贫困户少于非贫困户。

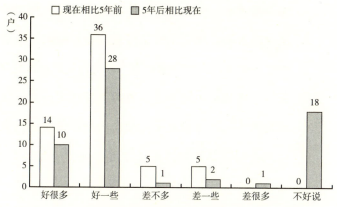

图 3-7　广福村村民对家庭生活现状相比前后 5 年的评价

注：本书统计图，除特殊标注，均来自课题组对广福村的调查。

第四节　广福村的贫困成因

学界对于贫困原因的讨论，大致可以分为制度、环境、文化、个体等视角。关于制度造成贫困的分析，最经典的论述见于马克思主义理论中，马克思认为，在资本主义制度下，贫困的根本原因在于生产资料的不平等占有，例如资本家占有生产资料，工人除了出卖劳动力，则一无所有[①]。在中国，由于贫困多集中发生在农村地区，城乡二元结构、户籍制度等因素是长期以来讨论结构性贫困问题的焦点。有这一取向的学者多从城乡的收入分配结构、公共财政制度、社会保障制度、土地制度等角度讨论中国农村的贫困问题。不过，也有学者指出，贫困不一定是制度

---

① 周怡：《贫困研究：结构解释与文化解释的对垒》，《社会学研究》2002 年第 3 期。

安排造成的，而是缘于群体的贫困文化，例如吸收贫困亚文化的人在心理上不准备接受那些可能改变他们生活的种种变迁的条件或改善的机会①。从环境层面探讨贫困成因的分析主要集中关注地理、资源、交通等因素。而个体层面对贫困成因的讨论更多关注个人抵御风险的能力和发展机会的获得，具体包括先天缺陷、能力不足、教育程度低、社会资源不足等。

经过对广福村进行历史考察和现实调查、访谈，笔者认为，导致广福村成为贫困村的因素大概有以下几个。

一 自然地理因素的制约

自然地理环境的制约是导致贫困的重要因素之一②。对西部地区而言，自然地理环境制约也是最基本、最普遍的一个因素③。原因就在于一个地区的自然地理内在地决定了这个地区的自然资源禀赋和生态环境。研究发现，平均海拔、人均林地和矿产资源等地理条件因素显著影响农民收入和农村贫困④。贫困地区自然条件差、资源短缺和结构不

---

① 周怡：《贫困研究：结构解释与文化解释的对垒》，《社会学研究》2002年第3期。

② 曲玮、涂勤、牛叔文等：《自然地理环境的贫困效应检验——自然地理条件对农村贫困影响的实证分析》，《中国农村经济》2012年第2期。

③ 汪晓文、何明辉、李玉洁：《基于空间贫困视角的扶贫模式再选择——以甘肃为例》，《甘肃社会科学》2012年第6期。童玉芬、王海霞：《中国西部少数民族地区人口的贫困原因及其政策启示》，《人口与经济》2006年第1期。

④ 黄国勇、张敏、秦波：《社会发展、地理条件与边疆农村贫困》，《中国人口·资源与环境》2014年第12期。

合理导致农民扩大再生产困难[①];而地形闭塞、交通不便在很大程度上不利于产品、劳动力等生产要素的流动,影响市场发育和非农产业发展。此外,脆弱的生态环境、频发的自然灾害通常也是造成贫困的重要原因。

广福村地处偏远,距全州县城约 37 公里。以丘陵、山地为主的地形特征导致交通不便,影响了村庄的对外交流。从村庄内部的分布情况看,广福村的 10 个自然村较为分散,自然村之间的交通也极为不便。同时,地形特征也造成了广福村耕地少、林地多的资源分布现状。据统计,广福村现有耕地面积 1543 亩,而林地面积达到 15000 亩,是耕地面积的 9.7 倍。地形特征与耕地少的现状,使广福村的农业生产经营难以实现规模化和机械化,进一步制约了农业产业的发展。

最后,从气候方面的因素来看,广福村位于干旱和洪灾等自然灾害发生频率比较高的地区。这对以农业生产经营为主要收入来源的农户的影响较大,自然灾害频发加剧了贫困农户的脆弱性[②]。例如,广福村每年都有干旱导致粮食等农作物减产甚至绝收的情况发生。洪灾不仅导致农业大幅减产,还可能毁坏沟渠、道路、农田等基础设施,进一步给农业生产带来负面影响。而洪灾在广福村也经常发生。2017 年发生的"7·1"洪灾事件[③]就对广福村的农田、水利、道路、水电等设施造成了重大破坏。

---

① 杨龙、李萌:《贫困地区农户的致贫原因与机理——兼论中国的精准扶贫政策》,《华南师范大学学报》(社会科学版)2017 年第 4 期。

② 张国培、庄天慧:《自然灾害对农户贫困脆弱性的影响——基于云南省 2009 年的实证分析》,《四川农业大学学报》2011 年第 1 期。

③ 据统计,全州县 18 个乡镇全部受灾,大西江等 9 个乡镇受灾尤为严重,全县受灾群众达 55 万人,使房屋、农作物、道路交通、通信、供电设施等遭受不同程度的毁坏,而且还造成了人员伤亡。

图 3-8　广福村的农田

（粟后发拍摄，2016 年 12 月）

二　外部政策因素的冲击

国家政策对农村贫困的影响是不容忽视的一个因素，尤其是不利的一面。改革开放前，城乡隔绝政策、农村经济政策、不平衡的区域发展政策以及消极的人口政策对农村产生了负面影响，使本来贫困的农村变得更加贫困[①]。

对广福村而言，限制煤矿开采的政策对村庄发展和村民生计产生了巨大冲击。广福村在 20 世纪上半叶就已经开始开采煤矿，村民在种地的同时从事采煤工作。采煤是一项高危险同时也是高收益的工作。当地农民为了增加收入，基本上都主要或兼业从事采煤以及相关工作。据了解，采

① 郇建立：《国家政策对农村贫困的影响》，《北京科技大学学报》（社会科学版）2002 年第 2 期。

煤一天的收入有时相当于教师一个月的工资，具有很大的吸引力。村民因此不仅可以获得较高的收入，还实现了在本地兼业，劳动力不需要外出。但2003年，当地政府出台了煤矿开采限制政策，对私人煤矿的开采进行了限制和管控，广福村的村民也就失去了兼业机会，一段时间内当地农民因失业而失去了主要收入来源，加上过去没有外出务工的传统，大部分失业农民只能依靠种田来维持生活。

三　主导产业的缺乏

产业扶贫是扶贫开发的战略重点和主要任务。精准扶贫提出"五个一批"脱贫措施，首要的就是"发展生产脱贫一批"，即通过产业发展助推脱贫攻坚。发展产业尤其是地方特色产业，可以充分利用地方资源，发挥地方比较优势，带动贫困农户增收，提升贫困群体自身发展能力。可以说，产业扶贫是一种造血式扶贫手段，是一种消除贫困和促进经济发展的内生性机制，是一种彻底解决贫困人口脱贫问题、防止贫困人口返贫的根本性举措。研究表明，产业发展对消除贫困具有积极作用，但不同产业的减贫效果也有差异[1]，一些产业如旅游业和交通运输业的减贫效果非常显著[2]。非农产业的发展能够显著降低农村的贫困

---

[1]　崔湛钜：《中国产业发展对贫困和收入不平等的影响：基于SAM的研究》，中国地质大学博士学位论文，2017。

[2]　王英、单德朋、郑长德：《旅游需求波动、风险管理与非线性减贫效应研究》，《中国人口·资源与环境》2016年第6期。李慧玲、徐妍：《交通基础设施、产业结构与减贫效应研究——基于面板VAR模型》，《技术经济与管理研究》2016年第8期。

化程度，提高最贫困农户的收入水平①。

从产业发展角度看，广福村仍以第一产业为主，农业生产效益低下，产业结构单一，缺乏引领和支撑发展的主导产业，发展动力不足。村民的收入来源主要是外出务工和本地打零工。为了发展产业，政府曾引导农民种植沙树、柑橘、金槐等经济作物，但规模都较小，都没有实现产业化。而且，由于市场不稳定，农民基本上也没有从中获利。

四　劳动力外流的影响

农村劳动力外出务工不仅能够极大地缓解农村贫困、改善家庭福利、促进土地流转，而且在一定程度上还能使农户的家庭劳动力和土地资源实现合理配置②。

煤炭开采受限之后，广福村外出务工的劳动力明显增加。务工收入成为家庭收入的主要构成。根据对 60 户样本农户的问卷调查结果，工资性收入占家庭纯收入的67.50%。可以说，劳动力外出务工确实有助于提高家庭收入、改善家庭福利、缓解农村贫困。但是，村庄人口的大量外流，也加剧了村庄"空心化"和衰落问题。2016 年底，广福村常住人口的比重只有 54.99%，45% 的村庄人口外出；715 个村庄劳动力中，外出半年以上的劳动力就有 445 人，占村庄劳动力的 62.24%，留在村里的大多是老人、小孩和

---

① 朱农：《贫困、不平等和农村非农产业的发展》，《经济学》（季刊）2005 年第 4 期。

② 柳建平、张永丽：《劳动力流动对贫困地区农村经济的影响——基于甘肃 10 个贫困村调查资料的分析》，《中国农村观察》2009 年第 3 期。

妇女。村干部也感受到青壮年外出不愿留村、村庄人才缺乏所造成的发展和治理困境。显然，劳动力外流对农村家庭养老、留守儿童教育、农村人力资本和村庄治理都会产生一定的不利影响。研究发现，劳动力的大规模外流会导致农村公共事务治理的衰败，例如，集体经济困难、人居环境恶化和农田水利废弛等[①]。从这个角度而言，劳动力大量外流影响村庄的长期持续发展和乡村良治的实现。

与之前的结论截然不同，也有研究表明，劳动力外流对农村减贫具有负面影响：一方面导致家庭劳动力短缺、限制了家庭发展，另一方面导致家庭分离、家庭经济规模共享不足，反而加剧了农村家庭贫困[②]。由此可见劳动力外流对农村贫困所产生的影响是极为复杂的。具体到广福村，从增加收入方面来说，劳动力外流对有劳动力的贫困家庭而言确实增收明显；而对很多因学因病因残致贫或返贫的贫困户而言，劳动力缺乏、劳动能力不足使外出务工增加收入变得不现实，加上本地兼业机会少，那么只能更多地依靠政府扶持。

此外，从农业生产角度考虑，劳动力大量外流也削弱了当地的资源利用率和生产效率[③]。由于劳动力大量外流，广福村的水稻种植方式已经由一年两季改为一年一季，且对林地的利用率也不高；农业生产呈现老龄化、弱质化特征。

---

① 高瑞、王亚华、陈春良：《劳动力外流与农村公共事务治理》，《中国人口·资源与环境》2016 年第 2 期。
② 赵曼、程翔宇：《劳动力外流对农村家庭贫困的影响研究——基于湖北省四大片区的调查》，《中国人口科学》2016 年第 3 期。
③ 陆益龙：《农村劳动力流动及其社会影响——来自皖东 T 村的经验》，《中国人民大学学报》2015 年第 1 期。

五 农民思想认识上的禁锢

许多文化本质主义者认为，农民"根深蒂固"的民族性是贫穷的根源，他们思想闭塞，不思进取，国家的帮扶徒增了他们的依赖性[1]。确实，农民思想认识上的禁锢和落后对农村的长期发展和农民家庭收入增长的影响是深远而持久的。贺雪峰指出，"当前农村的贫困问题的根本与关键不是收入与就业问题，更非农业问题，而是观念和文化问题，最终是教育问题"。[2] 叶普万将这种由观念落后导致的贫困称为"观念性贫困"。[3] "观念扶贫"是贫困地区解放和发展生产力的治本工程[4]。在精准扶贫逐步推进过程中，随着贫困人口物质生活的改善，"精神贫困"的现象也凸显出来。在课题组与当地县政府的座谈会上，他们就指出"经济脱贫容易，精神脱贫难"。贫困户"等、靠、要"思想严重，推进"精神扶贫"为贫困地区脱贫攻坚提供精神动力和智力支持变得尤为重要[5]。习近平总书记曾多次强调，扶贫要同扶智、扶志结合起来，在《在深度贫困地区脱贫攻坚座谈会上的讲话》中，习近平总书记再次强调，智是内力，志是内因，要加大贫困群众内生动力的培育力度。

广福村地处山区，环境闭塞，与外界的沟通联系不紧

---

① 阮池茵：《农业产业化发展与凉山彝族农民的贫穷——对凉山州苦荞产业发展的考察》，《开放时代》2017年第2期。

② 贺雪峰：《贫困的根本与扶贫的欲速不达》，《决策探索月刊》2016年第5期。

③ 叶普万：《贫困概念及其类型研究述评》，《经济学动态》2006年第7期。

④ 王树升：《"观念扶贫"是贫困地区解放和发展生产力的治本工程》，《理论与改革》1996年第10期。

⑤ 李润强：《大力推进"精神扶贫"为贫困地区脱贫攻坚提供精神动力和智力支持》，《社科纵横》2017年第9期。

密，农民的受教育程度低，许多农民的思想观念还很落后，社会文化发育不良。在精准扶贫过程中，很多贫困户对家庭发展和脱贫致富没有长远的思考和计划。一方面，"等、靠、要"思想严重，外部依赖性高，自身发展能力不足；另一方面，对于扶贫和扶贫政策的认识和理解不足，将扶贫资源视为一种额外收入而非生产和发展的资本。例如，很多贫困户要求政府将产业扶贫的 2000 元直接发到个人，真正利用政府补助发展生产的贫困户很少。从这个角度而言，广福村破除落后思想观念、培育内生动力的任务仍然十分艰巨。

六　农民组织化程度低

中国的发展必须首先解决农民的组织化难题。[①] 农业和农村的发展也离不开农民的组织化，依靠、延续小农的生产方式不能解决发展问题和贫困问题。就当前而言，由于劳动力大量外流，贫困地区农民的组织化变得越来越困难，也变得越来越重要。农民组织化不仅是农业农村发展的重要途径，也是提高乡村治理水平的必要举措。提高"农民组织化程度"是促农增收的有效途径[②]。乡村建设必须提高农民的组织化程度，依靠农民自身来维持农村基本的生产生活秩序[③]。

农民的组织化程度主要体现为农村合作经济组织的多少。

[①] 《反思杜润生改革：中国发展首要解决农民的组织化难题》，http://www.snsnsn.net/article/article.asp? typeId = 18&id=1632&page=2。

[②] 曹宇波：《提高"农民组织化程度"是促农增收的有效途径》，《农业经济》2007 年第 8 期。

[③] 贺雪峰：《乡村建设中提高农民组织化程度的思考》，《探索》2017 年第 2 期。

以农民专业合作社为例，近年来，农民专业合作社数量持续增长。根据农业部经管总站体系与信息处的统计，截至2016年底，纳入统计调查的农民专业合作社总数达156.2万个。[①]以全国55.9万个村计算，平均每个村有2.8个农民专业合作社。具体到广福村，农业生产经营以单个家庭为主，农民的组织化程度非常低，10个自然村12个村民小组1600多人只有一个合作社，合作经济组织发展水平远落后于全国平均水平。而这唯一的合作社，参与的农户很少，并没有带动其他农户发展，算不上真正意义的合作经济组织。

从事农业生产经营的农户缺乏真正代表其利益的组织，这对整个村庄反贫困进程的影响颇大。农民组织化程度低，农业规模效应不足，加上市场化条件下小农的脆弱性更加明显，产业发展就更加困难。例如，在扶贫政策实施之前，当地曾推动开展花椒、橙子等特色种植，前期鼓励农户大量种植，后期却并没有解决农产品进入市场的问题，以失败告终。这固然有政府和企业的原因，但农民组织化程度低也是非常重要的原因。农民专业合作社可以通过统一购买、统一销售、注册产品商标等降低农民生产成本，提高农民销售收入，解决小农户与大市场的衔接问题。[②]提高农民的组织化程度，发展农村合作经济组织，这对广福村的发展而言意义非凡。

---

① 农业部经管总站体系与信息处：《2016年农民专业合作社发展情况》，《农村经营管理》2017年第8期。
② 据统计，2016年全国农民专业合作社为成员提供的经营服务总值为11044亿元，其中，统一销售农产品总值达8276亿元，平均为每个成员销售农产品1.3万元；统一购买生产投入品总值达2768亿元，平均为每个成员购买生产投入品0.4万元。

第五节　广福村扶贫对象的精准识别过程

　　精准扶贫是在精准识别的基础上展开的，因此，精准识别是精准扶贫的前提和关键。2014年1月26日，中共中央办公厅、国务院办公厅印发了《关于创新机制扎实推进农村扶贫开发工作的意见》，首次提出了要对扶贫对象进行精准识别，为每个贫困村、贫困户建档立卡，建设全国扶贫信息网络系统。然后，在此基础上，深入分析致贫原因，逐村逐户制定帮扶措施，集中力量予以扶持，切实做到扶真贫、真扶贫。可见，精准识别工作的目标非常明确——将那些真正的贫困村和贫困户识别出来，了解其贫困状况，确定其致贫原因，摸清其发展需求，以保证扶贫开发不偏离其靶向，最终实现"精准"扶贫。

　　在精准识别的理念指导下，2014年6月7日，广福村所在的广西壮族自治区召开精准扶贫动员会，举办建档立卡工作培训班，随即全省各市县逐步进入扶贫对象识别、评议、建档立卡阶段。2014年底，广西壮族自治区识别出贫困村5000个，建档立卡贫困人口538万人。贫困人口识别出来后，广西各级政府逐步实施了一些扶贫措施。不过，这次识别并不精准，建档立卡人群存在大量弄虚作假的情况。2015年8月，审计署对广西壮族自治区在贯彻落实中央精准扶贫政策中的情况进行了跟踪审计。审计组选取了贫困人口基数大且近年来脱贫任务完成较好的MS县进行抽查，发现该县精准扶贫工作存在虚假违规的情况，^①这一现象被当成扶贫过程中典型问题在全国通报批评。于是，广西壮族自治区在全区范围内对扶贫工作进行整顿和检查。2015 年 10 月 11 日，广西壮族自治区党委办公厅发文要求在贫困村和贫困人口总数不变的基础上，各市、县政府重新采集贫困村的基本情况，对贫困村、非贫困村的贫困人口进行重新识别。^②因此，广福村严格意义上的精准识别是从 2015 年 10 月开始的。

2015 年 10 月 16 日，广福村所在的县、乡镇政府抽调职能部门工作人员组成工作队，在村干部和村代表的协助下，开始对村庄情况和贫困人口进行评定。由于当时广福村的帮扶单位是县国税局，所以，从县下村的工作人员主要来自县国税局。镇政府工作人员则由分管该村的副镇长带队。两级工作人员在村里集结后，成立了精准识别工作队，并按照自然村（屯）的数量分成相应数量的工作小组。每个工作组至少有县、乡镇、村干部各一位，村干部负责引路和联系村代表和农户，每到一个自然村，该自然村的村代表就加入工作组中，监督评定过程。

工作小组进入自然村后，通过"看""算""比"等方

① 根据报道，马山县的扶贫对象精准识别工作中存在多个问题：一是该县认定的扶贫对象中，有 3119 人不符合扶贫建档立卡标准，其中，有 343 人属于财政供养人员，有 2454 人购买了 2645 辆汽车，43 人在县城购买商品房或自建住房，439 人为个体工商户或经营公司；二是为完成上级下达的任务，该县 2014 年度将人均纯收入低于国家农村扶贫标准 2736 元的 608 户 2272 人认定为脱贫，占脱贫户数的 9.10%、脱贫人数的 8.90%。具体见 http://jl.sina.com.cn/news/m/2015-10-08/ detail-ifxirwnr6828125-p5.shtml。
② 广西壮族自治区党委办公厅、自治区人民政府办公厅关于印发《精准识别贫困户贫困村实施方案》（厅发〔2015〕28 号）详细规定了精准识别的要求、过程和程序。

式，对照"精准识别入户贫困表"各个项目，逐项打分。两天后，打分工作全部完成，由镇政府工作人员和村干部统计各户得分。不过，在贫困户统计表分数出来以后的较长一段时间里，贫困户总数并没有真正确定下来。贫困户的确定经历了一个复杂的过程。打分结束后，县扶贫办并没有确定贫困户的标准，只是让镇政府报个数。镇政府和村委商量后，根据一票否决的条件筛选出不符合条件的家庭，再按照常识排除得分较高的情况，将得分为 60 分及以下的农户确定为贫困户。接着，镇政府根据村上报的评议情况，填写精准识别贫困户两分一档统计表，汇总后连同农户名单一起报送县扶贫领导小组。然后，县扶贫领导小组审核汇总各乡镇报送数据，并把农户名单送县公安、国土、房产、工商等有关单位进行农户财产检索，核查农户拥有房地产、车辆、开办公司等情况，直接剔除拥有上述财产的农户，并按检索剔除后的名单和得分情况填写本县精准识别贫困户两分一档统计表报送市扶贫领导小组。2015 年 11 月，广福村村委收到县扶贫办转至乡镇政府的通知，自治区扶贫领导小组给全州县划定的建档立卡分数线为 54 分，[①] 需要上报贫困户名单。随即，广福村村委将评分在 54 分及以下共 23 户贫困户材料上报至镇政府。不过，2016年2月，村委又得到通知，全县按照54分报送的名额不够，与最初上报自治区的名额不符合，需要重新补充贫困户。然后，县扶贫办又根据实际情况给广福村增加41个贫困户名额，要求广福村按照评分从低到高将名额补齐。广福村两委从贫困户统计表分数为55分的农户开始补入名额，一直补到60分才将所有的名额用完。贫困户名单最终确定后，工作队再次进入村庄，对贫困户进行登记，逐户填写贫困户建档立卡登记表，完善贫困户信息。

由于广福村在2014年以前就已经被确定为贫困村，因此，贫困村建档立卡的过程相对顺利得多。在完成贫困户入户调查的基础上，村第一书记、村两委干部、村民小组长等组成自评小组，对照贫困村建档立卡登记表，讨论确定广福村的发展需求和脱贫重点工作，填写贫困村建档立卡登记表，最后交由镇政府审核。2016年初，工作队将广福村贫困村信息和贫困户信息录入信息系统，完成建档立卡。

第四章

村庄扶贫状况与行动主体间的
摩擦和调试

精准扶贫的核心环节是扶贫措施和扶贫项目的开展。为了了解扶贫过程中可能存在的问题，本章对广福村扶贫项目开展过程进行了具体分析。其内容包括：广福村主要开展哪些扶贫措施和项目；这些措施和项目的实施主体是谁；实施的过程是怎么样的。最后，在此基础上，笔者发现，在扶贫项目实施中，不同利益主体都有自身的利益逻辑，并且相互间存在摩擦。不同的摩擦在不同程度上导致了扶贫措施的走样和扶贫目标的偏离。

第一节　扶贫的内涵

　　扶贫，就是针对贫困对象采取各种帮扶措施，使其数量减少以至脱离贫困的过程。根据《中国农村扶贫开发纲要（2011－2020年）》，我国扶贫对象的范围包括贫困人口、贫困村、贫困县以及连片特困地区。扶贫措施有专项扶贫、行业扶贫、社会扶贫三大类，其中，专项扶贫包括异地搬迁扶贫、整村推进、以工代赈、产业扶贫、就业促进、扶贫试点、革命老区建设；行业扶贫包括发展特色产业、科技扶贫、完善基础设施、发展教育文化事业、改善公共卫生和人口服务、完善社会保障制度、加强能源和生态环境建设；社会扶贫包括定点结对帮扶、推进东西部扶贫协作、动员企业和社会各界参与。这些帮扶措施的目的是：实现扶贫对象不愁吃、不愁穿，保障其义务教育、基本医疗和住房；贫困地区农民人均纯收入增长幅度高于全国平均水平，基本公共服务主要领域指标接近全国平均水平，扭转发展差距扩大趋势。一直以来，"扶贫"对于中国而言具有高度的政治性意涵。与许多发展中国家一样，中国的贫困问题与农村问题、区域问题乃至民族问题紧密相连。扶贫工作既是解决"三农"问题的关键，也是协调区域发展的核心。正因为如此，与欧美国家中扶贫领域NGO更活跃的状况不同，扶贫在中国长期以来是政府主导下的国家行为。当然，进入21世纪后，随着政府对社会组织的吸纳、政府扶贫思路的转变，我国的民间扶贫团体也越来越多地参与到政府主导下的扶贫项目中。

改革开放以来，中国的扶贫理念和实践经历了由"输血"向"造血"的转变，也即由"救济式扶贫"转向"开发式扶贫"。扶贫工作由过去主要依赖经济增长的"涓滴效应"，转变为更加注重"靶向性"的对目标人群的直接帮扶和干预，呈现出更注重参与性、精准性的特点[1]。精准扶贫的提出，标志着中国扶贫进入新的阶段。所谓"精准扶贫"，就是对贫困对象进行精准识别、精准帮扶、精准管理和精准考核，具体而言，扶贫主体在精准识别基础上，对每个贫困村、贫困户建档立卡，然后深入分析贫困对象的致贫原因，逐村逐户制定帮扶措施，集中各种资源和力量予以扶持，确保贫困对象在规定时间内达到稳定脱贫目标。在精准扶贫的思路下，中国制定了新一轮扶贫政策，开展了新一轮的扶贫项目。

第二节　广福村的主要扶贫项目和措施

精准识别完成后，按照自治区的统一部署，县、乡镇政府和村级组织采取了一系列扶贫和脱贫措施。根据广西

---

① 左停、杨雨鑫、钟玲：《精准扶贫：技术靶向、理论解析和现实挑战》，《贵州社会科学》2015 年第 8 期。

壮族自治区扶贫脱贫的纲领性文件《打赢"十三五"脱贫攻坚战的决定》，到 2020 年，确保全区现行标准下的 538 万农村贫困人口实现脱贫，5000 个贫困村脱贫摘帽。贫困户的脱贫标准是实现"两不愁、三保障、两高于、一接近"，即扶贫对象不愁吃、不愁穿，义务教育、基本医疗和住房安全有保障，扶贫开发工作重点县和贫困村农民人均可支配收入增幅均高于全区平均水平，贫困地区基本公共服务主要领域指标接近全区平均水平。贫困村脱贫的标准是实现"五有四通"：村村有特色富民产业、有合作组织、有公共服务场所、有安全饮用水、有新村新貌，20 户以上的自然村实现村村通电、通路、通广播电视、通宽带网。在这些标准的指导下，全州县采取了针对性的扶贫和脱贫措施。

一 村庄层面的扶贫

从实际情况来看，广福村扶贫过程经历了重基础设施建设到重产业扶贫的转变。2005 年，广西壮族自治区为贯彻实施《中国农村扶贫开发纲要（2001—2010 年）》，采取"整村推进"，分期分批进行扶贫开发规划。从目标上看，这些扶贫开发规划主要集中在公共服务领域。不过，这些扶贫措施瞄准的地区主要为贫困人口集中的大石山区、少数民族地区、革命老区、边境地区等连片特困地区，并未惠及广福村。2011 年，广西壮族自治区出台《广西壮族自治区"十二五"规划》，继续在基础设施和公共服务方面加大扶贫力度，同时也将连片特困地区以外的贫困县和贫困村纳入扶贫范围，刚被评定为贫困村的广福村开始享受扶贫政策的支持。当年，县扶贫办工作人员到广福村考察，提出支持村委修通村（行政村）公路。广福村向县扶贫办申请获批，当年就建成了镇通村的公路。经历此事以后，广福村的村书记了解到政府对村庄当前的扶贫力度很大，开始积极申请政府扶贫项目，改善村庄的基础设施。2013～2016年，广福村做得最多的事就是改善基础设施建设，其中最重要的建设就是修路、引水。

（一）村庄道路建设

评定为贫困村的广福村在村庄道路建设方面得到了较多扶持，村内道路状况得到了较多改善。在这方面，广福村村书记这么说：

问：被评定为贫困村以后，修路是不是比较方便了？

村书记：嗯，那是肯定的。

问：那我们村内第一次修路是什么时候开始的？

村书记：好像是2013年，我也记不清楚了。

问：你是知道了这个政策然后再去申请的吗？

村书记：肯定的啦。如果当着干部连那一点信息也不知道就（差劲了）……

问：这个信息是从哪里知道的？

村书记：是听一些领导说的，那些钱都是用来搞修路搞产业的等等。

资料来源：对广福村村书记的访谈。

图 4-1a　广福村某自然村通村委的没修建前的道路

（倪元碧拍摄，2016 年 5 月）

图 4-1b　广福村某自然村通村委修建后的道路

（倪元碧拍摄，2017 年 5 月）

通村公路修成以后，村委开始修建村道和巷道。村委一般根据道路的重要程度向政府申报，一年最多申报两个相关建设项目。申报前，村委会先和道路相关自然村的村民沟通，了解他们愿意后才会申报，如果自然村的村民意见不能统一，村委只能放弃或者将申报机会给其他自然村。其原因是：在村内公路修建中，政府会先要求自然村的村民修好路基，修路基需要占用村民的田地，并需要村民集资。这很容易引发村民之间的矛盾，而村干部宁愿不修路，也不愿意卷入由此产生的村民纠纷和矛盾中。信田自然村就是这种情况：信田村农户的住所十分分散，村民对于修哪一条路，各有主张，导致路线难以定下来。最后，为了完成基础设施建设目标，村委硬着头皮，劝说村民抓住机会，最终才把修路方案确定下来。从广福村村内公路的修建情况看，2013 年和 2015 年，每年都修成了两条从不同自然村通向村委的村道；2016 年，唯一没有硬化道路的信田村也全部修好了通往村委的村道。2011～2016 年，广福村建成村道 12.1 公里，拨款总额 273 万元，拨款主要来自县扶贫办，具体情况如表 4-1 所示。

表 4-1　广福村成为贫困村后的道路修建情况

路段	长度（千米）	宽（米）	投标额（万元）	主要拨款单位	竣工时间
LP 村委至广福村委	3.0	4.5	90	县扶贫办	2011 年 7 月
广福村大松山至唐家小桥边	1.5	3.5	45	县扶贫办	2013 年 4 月
广福村委至桐木冲村	0.5	3.5	15	县扶贫办	2013 年 5 月
广福村委至里田村	0.5	3.5	15	县扶贫办	2015 年 3 月
岩头上村至唐坪头村	1.5	3.5	45	县扶贫办	2015 年 3 月

路段	长度（千米）	宽（米）	投标额（万元）	主要拨款单位	竣工时间
广福村委至信田村	1.1	3.5	33	县扶贫办	2016年7月
信田仓库边至信田水井里	1.0	3.5	30	大西江镇国土所	2016年11月

资料来源：对广福村村干部的调查。

（二）饮水工程的建设

饮水工程的建设是扶贫措施中的重要内容。相比修路，饮水工程的建设更加容易，原因在于它不占用田地、工期短。村委在申报前，一般会优先考虑饮水最为困难的自然村，然后按困难程度依次上报申请。例如，广福自然村是广福行政村中人数最多的村庄，但因为地势最平坦，缺少可利用的山泉水，饮水最为困难。因此，2014年，村委优先帮广福自然村申请建设饮水工程。当年获批后，在当年就建设完工。2014～2015年两年时间里，广福村建成饮水工程4处，覆盖6个自然村；加上其他3个自然村自建的饮水池，全村98%以上的农户使用上了干净的饮用水。从4处饮水工程的建设资金来源看，中央拨款52.9万元，广西壮族自治区拨款13.2万元，两者合计约占40%；广福村委花费83.92万元，占50.69%；群众自筹15.53万元，占9.38%。具体的投资来源如表4-2所示。

表4-2　广福村饮水工程建设情况

单位：万元，吨/每天

所在自然村	工程投资总额	中央拨款	自治区拨款	群众自筹	供水规模	竣工时间
广福自然村	24.97	16.0	4.0	4.97	45	2014年10月
信田村	12.89	8.5	2.1	2.29	25	2014年10月
唐家和岩头上	31.09	19.2	4.8	4.8	55	2015年11月
江边里和唐家庄	14.97	9.2	2.3	3.47	25	2015年12月
总计	83.92	52.9	13.2	15.53	—	—

资料来源：对广福村村干部的调查。

（三）电网改造

除修建村庄道路和饮水工程外，2016年5月，广福村委还向当地电力部门申报了电网申请改造项目，以解决电网老化问题。至2017年8月调查时，当地电网还在改造中。

（四）小结

在开展扶贫工作后，广福村建设的所有基础设施，其项目资金并不都来自扶贫专项资金，而是整合了各种项目资金（例如，村级公益事业建设"一事一议"财政奖补项目）和其他部门（例如交通部门）的专项款。假如修一条村路，扶贫专项资金不够，村委就想办法寻求其他项目资金支持，通过多项目叠加，满足修路的资金需求，最终村路修好。2016年，广福村的基础设施建设已基本完成。

虽然有政府的相关项目支持，但是，其工程建设过程并不十分顺利。下文将对此进行专门分析。

二 贫困户层面的扶贫

2016年初，对贫困户的精准识别基本完成。广福村的扶贫措施重心转移到对贫困户的帮扶上。为了使贫困户尽早脱贫，当地政府和村委采取了以下多种措施。

（一）发展产业

2016年4月，全州县扶贫开发领导小组印发《2016年全州县财政专项扶贫资金产业开发养殖项目实施方案》（后文简称《实施方案》），开始实施对贫困户的产业扶贫。《实施方案》明确规定了项目建设对象：2015年精准识别出的全县18个乡镇68个贫困村的建档立卡贫困户和面上村建档立卡贫困户中有劳动能力、有养殖意愿的贫困户。项目建设内容是：以"农户自购、自养、自销"的模式，扶持建档立卡贫困户养殖母牛、母猪、母羊等家畜。考虑农村贫困户的实际情况，后又将鸡、鸭养殖列入补助范围。按照《实施方案》的要求，项目采取政府引导，贫困村委干部、驻村工作队（第一书记）、结对帮扶人及建档立卡贫困户共同参与，"农户单户投入与管理"的方式开展。不过，在实际过程中，不同的主体扮演不同的角色。乡镇政府将方案通知村委，让其结合实际情况动员贫困户养殖牲畜。村委在宣传的过程中，多把推动牲畜养殖当作任务来宣传。帮扶人在入户调查的过程中，也劝说贫困户，只有发展产业，最后才能脱贫。最后，在多方努力下，2016年广福村有51户贫困户根据自家的实际情况发展了不同类型的养殖，其中养牛户4户，共养殖4头；养猪户7户，共养殖29头；养鸡、鸭户40户，共养殖1207羽（见表4-3）。由于产业扶持资金有限，全州县按照分期分批次扶持推进脱贫的原则，对当年计划脱贫的贫困户进行优先扶持。从2016年对计划脱贫户的扶贫看，只要养一头牛，或两头猪，或鸡、鸭100羽，每户就可以领到2000元的产业扶贫资金。

表4-3　2016～2017年广福村畜禽养殖发展状况

年份	牲畜	养殖户数（户）	养殖畜禽数（头、羽）	贫困养殖户数（户）	贫困户养殖畜禽（头、羽）
2016	牛	16	98	4	4
	猪	11	216	7	29
	鸡、鸭	187	3470	40	1207
2017	牛	13	78	2	3
	猪	14	242	6	45
	鸡、鸭	157	3532	65	2013

资料来源：对广福村村干部的调查。

　　另外，为了发展全县的特色产业，县扶贫办从2014年开始，免费给贫困村发放金槐苗和油茶苗。不管贫困户还是非贫困户都可以领种，农户只须给村委上报种植面积即可。广福村每年都有农户申报，其中，既有贫困户，也有非贫困户。到2017年8月为止，全村种植金槐的农户有388户，共436亩，其中，贫困种植户63户，种植面积 127 亩；种植油茶户有 350 户，总种植面积为 392 亩，其中，贫困种植户 55 户，种植面积为 109 亩。2016 年，为了减少金槐的挂果时间，使种植区域内的贫困群众尽快脱贫致富，全州县扶贫领导小组集中组织人员，并配套资金，对此前所有村委（包括广福村）成片种植的金槐进行嫁接。因为嫁接后的金槐次年即可挂果，第三年就能进入盛产期，亩产 100 公斤左右。以当时价格计算，一公斤金槐能卖 40 元，每亩产值能有 4000 元，扣除化肥、农药等成本，农户的亩均净收入有 3000 元。当然，这是一种理想的估计，种植金槐能否获得收益以及收益多少，还主要取决于当年的市场价格。

（二）扶贫小额信贷支持

在鼓励贫困户发展产业的同时，政府也出台了金融性扶贫措施与之相配套。扶贫小额信贷是专门为建档立卡贫困户获得发展资金而量身定制的一款扶贫贷款产品，主要为贫困户提供 5 万元以下、3 年以内、免担保免抵押、基准利率放贷、财政贴息、县级建立风险补偿金的信用贷款。凡是已录入全国扶贫信息系统的建档立卡贫困户，有发展愿望、生产能力、发展项目和一定还款能力的，都有资格申请贷款。其使用以贫困户自愿并充分调动贫困户发展内生动力和可持续脱贫为原则，贫困户既可以自主经营，也可以委托经营。依照条件，广福村的贫困户都有资格申请扶贫小额信贷。广福村有 20 户贫困户申请了扶贫小额贷款，不过，无一户贫困户获得扶贫小额信贷贷款。

其原因是，在具体的操作过程中，信用社审核贫困户的资料时，如果无抵押物，就需要帮扶人签字担保。而帮扶人觉得贫困户的家庭经济条件不好，担心农户的贷款到期后无法还贷，需要自己承担连带还贷责任，因而不愿意签字担保。从整个镇这方面的情况看（见表4-4），到2016年10月22日止，整个大西江镇（全镇贫困户883户）也只有80户贫困户获得了小额信贷贷款。

表4-4　大西江镇贫困户获小额信贷贷款情况

单位：户，万元

贷款额度	贷款户数	累计金额
2万元及以下	13	24.9
3万元	15	45
4万元	20	80
5万元	32	160
合计	80	309.9

资料来源：对大西江镇扶贫办的调查。

（三）危房改造

2013年8月，广西启动农村危房改造二期工程，优先在危房较为集中的村庄开展，补助对象为经济上最困难的农户和居住在最危险的房屋（经评定属于整栋危房或局部危险房屋）的农户，由县政府安排，乡镇政府负责，相关部门配合，村具体组织实施。从实施之初至今，广福村每年都享有一定的农村危房改造指标。根据村干部介绍，该项目在2013～2016年对全村所有农户开放申请，只要农户的房屋属于危房，就可以提出申请。乡镇政府村建站核定后，就可以根据房屋危险程度给予资金补助。2016 年以来，为了保障贫困户实现有房住的目标，这一项目的指标和资金向贫困户倾斜，只有贫困户才能申请危房改造。从进展情况看（见表 4-5），2014 年以来，政府共支持广福村进行危房改造 16 处，补助资金 360250 元。其中，2015 年前，贫困户和非贫困户都可以申请，每年 4 户，并且以非贫困户为主，最高补助不超过 20000 元，户均获补助金额为 18900 元。到 2016 年，不仅每年的危房改造指标增加了一倍，申请者都是贫困户，而且补助力度大幅度提升，贫困户获得的最高补助达 27350 元，户均获补助金额提高到 26131 元，比 2014 ~ 2015 年的这一指标平均水平提高了 38.26%。

表 4-5　2014 ~ 2016 年广福村危房改造情况

年份	自然村	受补助农户	是否是贫困户	获补助金额（元）
2014	岩头上	蒋##	是	19260.00
	广福	蒋##	否	19260.00
	信田	粟##	否	19260.00
	广福	蒋##	否	17400.00
2015	岩头上	蒋##	是	19560.00
	广福	蒋##	否	19560.00
	岩头上	蒋##	否	19560.00
	桐木冲	唐##	否	17340.00
2016	唐家	蒋##	是	27350.00
	信田	粟##	是	27350.00
	掌家田	粟##	是	27350.00
	烟山岭	粟##	是	27350.00
	广福村	蒋##	是	27350.00
	桐木冲	唐##	是	27350.00
	桐木冲	唐#	是	27350.00
	掌家田	粟##	是	17600.00

资料来源：对大西江镇扶贫办的调查。

图4-2　广福村进行危房改造中的房屋

(倪元碧拍摄，2016年9月)

（四）教育扶贫

在教育方面，政府也开展了有针对性的扶贫。针对农村家庭经济困难的寄宿生，教育部门给予小学生每人每年1000元、初中生每人每年1250元的生活补助。另外，在义务教育营养改善计划试点县，农村义务教育学校在校学生（不含县城），每人每年还能领到800元的补助资金。中等职业学校中有正式学籍，一、二年级在校涉农专业和非涉农专业家庭经济困难学生、普通高中已建立家庭经济困难生档案的在校生，每人每年有2000元国家助学金；全日制普通高校家庭经济困难的本专科生，每人每年有3000元的国家助学金。所有这些生活补助和助学金都由当地所属省级政府教育厅负责发放。并且，这些补助不经过乡镇政府和村委，直接打到学生的卡上。另外，面向农村地区建档立卡贫困户家庭，由扶贫办负责实施的"雨露计划"这一教育帮扶措施为贫困人口素质的提高提供了条件。其补助对象包括：扶贫工作建档立卡的青壮年农民（16～45岁），贫困户中的复员退伍士兵（含技术军士），扶贫开发工作重点村的村干部和能帮助带动贫困户脱贫的致富骨干，建档立卡贫困子女参加中等职业教育（全日制普通中专、成人中专、职业高中、技工院校）和高等职业教育（全日制普通大专、高职院校、技师学院等）。其中，参加全日制本科学历教育并取得学籍的建档立卡贫困户学生，一次性补助5000元/人；参加中等、高等职业教育学历教育的建档立卡贫困户学生，每学期补助1500元/人；16～20周岁、有劳动能力的建档立卡户劳动力，参加扶贫部门主办的短期技能培训并考取职业资格证书的，每人每期补助3000元，补助资金主要用于培训费用、学员伙食费、住宿费、误工费等，误工费补助按30元/（人·天）计发；参加扶贫部门举办的农村实用技术培训的建档立卡贫困户劳动力，每人每天补助50元。从广福村的实际情况来看，受益最多的还是参加学历教育的建档立卡贫困户学生，自愿参加技能培训或技术培训的农民几乎没有。

表 4-6　2013~2016 年广福村"雨露计划"获补助者名单

单位：元

自然村	获补助者姓名	获补助金额	是否建档立卡贫困户
岩头上	蒋 #	5000.00	否
江边里	邓 ##	5000.00	是
烟山里	粟 ##	5000.00	是
信田村	粟 #	5000.00	是
唐家	唐 #	2000.00	是
桐木冲	唐 #	2000.00	是

资料来源：对广福村村干部的调查。

（五）结对帮扶

针对贫困户，除了有具体帮扶措施外，政府还确立了"一对一"帮扶制度。根据《广西壮族自治区扶贫开发领导小组关于开展帮扶贫困户联系贫困生活动的通知》（桂扶领发〔2016〕10 号）的要求，全州县选派了 10895 名干部对 10929 户贫困户进行"一对一"帮扶，要求下乡帮扶干部对贫困户找准原因，精准施策，建立机制，全面"造血"。广福村的 64 户贫困户的"一对一"帮扶人主要来自全州县中医院、县人民法院、大西江镇政府、大西江石塔口初中等单位。帮扶人确定后，会签订承诺书，其主要任务有：向贫困户宣传党委、政府关于精准帮扶、精准脱贫的政策，协调落实应当享受的惠农政策；与贫困户商定脱贫计划，落实"八有一超"，实现脱贫目标；指导贫困户及时、准确、完整记录家庭收入和生产经营费用支出等相关信息。同时，县扶贫开发领导小组还规定，来自乡镇的帮扶人每月入户不得少于 1 次，来自县城的帮扶人入户次数每两月不得少于 1 次。不过，从实际情况看，根据村委和贫困户的反馈，帮扶人入户情况并不一样，有部分帮扶人做到每月入户，积极解决贫困户的困难；部分帮扶人是两三个月才入户一次。从帮扶人入户实际所做的工作来看，主要包括统计家庭每月收入，劝说贫困户发展养殖、外出务工，提高家庭收入。另外，逢年过节时，帮扶人会带一些礼品问候贫困户。

第三节　扶贫政策和项目的落地过程

将政府的扶贫政策落实为具体行动并取得实际的扶贫效果要经过一个非常复杂的过程。在政策执行的过程中，各种不确定因素常常会影响政策目标的实现。一般而言，政策落地要经历 3 个环节，分别是宣传、执行、检查。在这 3 个过程全部完成后，文本性的政策才会变成具体的现实。下面笔者将结合一些事例陈述当地的扶贫政策是如何实施和落地的。

在扶贫开发过程中，省级政府是全省相关政策的制定者，贯彻落实中央对扶贫开发工作的战略部署，拟定全省扶贫开发的政策和规划；县级政府在整个扶贫工程中起承上启下的穿针引线作用：既要落实上级政府的指示、任务，又有发文、审批、拨款的权力，既组织相应的扶贫指导、培训，又对日常扶贫项目进行督查、敦促 [1]。因此，县级政府具有特殊的权力，所有的扶贫项目规划和财政拨款都经县级政府发出。正是由于此，本文主要聚焦分析扶贫项目在县级政府及以下层级的开展过程。

一 扶贫政策和项目的宣传

在政策开始实施前，政策的执行者所要做的主要工作是使政策的接受者能够清楚地知道这件事。所以，在开展具体的扶贫项目前，都要进行宣传动员。但是，对于同一项扶贫措施，不同主体采取的方式会不同。在本文所分析的县级政府及以下层级范畴内，县级政府离政策的接受者最远，他们开展的宣传工作最为简单。一般来说，县级政府接到上级文件或通知后，会结合本县的具体情况制定本县的项目规划和方案，然后再通过文件形式传达给乡镇一级政府。

在所有的扶贫项目中，产业开发项目最能体现出宣传的性质。本文下面就以产业开发项目为例来说明县级政府开展政策宣传的过程。县级政府制定好某一产业开发项目（例如养殖项目）实施方案以后，召集各乡镇的书记或镇长到县里开会，说明该实施方案的目标和要求，并以文件加附件的形式通知乡镇贯彻

---

[1] 王雨磊：《数字下乡：农村精准扶贫中的技术治理》，《社会学研究》2016年第6期。

执行。

全州县扶贫开发领导小组

关于印发 2016 年全州县财政专项扶贫资金产业开发
养殖项目实施方案的通知

各乡（镇）人民政府：

《2016 年全州县财政专项扶贫资金产业开发养殖项
目实施方案》已经县扶贫开发领导小组同意，现印发给
你们，请认真遵照执行。

全州县扶贫开发领导小组

2016 年 4 月 25 日

乡镇级政府接到通知后，一般无再重新修改方案的权
力，只能按照文件的要求严格执行。他们开展的宣传工作
就是要把村委干部（村书记或村主任）召集到乡镇开会，
将通知或文件的具体内容和要求传达给各村村委成员，让
村委成员明白需要做的工作是什么。虽然乡镇政府一般不
直接和村民打交道（除非有特殊情况），只是在县级政府
和村委之间起上传下达的作用，但是，乡镇政府承担着政
策的落实主体责任，并且接受上一级政府的严格考核。在
"一票否决""数字化考核"等制度压力的激励下，"完成
上级的任务"是乡镇政府必须做的事情。其背后的行政
逻辑是"目标责任管理制"——为了完成一个行政总目
标，各地政府间采取签订政府责任状的形式，下级政府

或部门领导对这些数字指标承担行政责任[①]。在大西江镇政府的访谈中，这一点有所体现：

问：镇政府具体在扶贫方面承担哪些具体责任呢？

答：上面定的考核指标太多了。县扶贫办给我们的责任，哪一件事情没有办好，就得追责。我们的责任很大！

资料来源：对大西江镇政府的座谈。

为了完成考核目标，很多任务在乡镇传达过程中，带有一定的强制性。以发展养殖项目为例，在实施方案中明确"开展养殖项目以农民自愿为原则"，但是，在从乡镇政府传达到村委的过程中，开展养殖项目就变成要完成的任务，尤其是那些无法外出打工的贫困户。乡镇从严要求村委完成任务，村委也把乡镇政府的政策目标作为自己的任务。在访谈中，村委无意识地表达出自己是乡镇政府在村庄的政策执行者和代理人。

问：乡镇政府和村委平时在交流上存在什么问题呢？

村书记：好像也没有什么问题，他们布置工作，我们按要求去做就行了。如果有什么问题或不知道的就去问他们，他们也会告诉我们。基本上都是他们下了什么

---

① 王汉生、王一鸽：《目标管理责任制：农村基层政权的实践逻辑》，《社会学研究》2009年第2期。

政策我们就去做。

资料来源：对广福村村书记的访谈。

但是，村干部在执行乡镇政府的工作安排时，也清楚不能以乡镇政府下达任务的方式来推动村民落实。村干部和村民都身处同一个乡土社会，大家彼此熟悉，相互间有很多人情联系。所以，他们会采取变通的办法，即用非正式表述而非政治制度的表述语言来说服村民。广福村村委在宣传发展养殖的政策时，就体现了"为他人着想"的思维。村委会站在贫困户的立场说：

现在国家政策很好，只要你们养殖，国家就会有产业补助资金。一头母牛，或者两头母猪，或者三只母羊，或者100只鸡鸭，都可以补助两千。如果你什么都不养，两千块钱的补助资金就没有了。

资料来源：对广福村村妇女主任的访谈。

由此可见，村干部在政策宣传中抓住了发展产业最显而可见的利害关系，并试图通过奖励鼓励村民去发展养殖。政府通过补助产业资金的方式鼓励贫困户发展养殖，是想给贫困户造血，激发他们的内生动力。不过，经过村干部的宣传，"获得补助"成为贫困户发展养殖的目标，造成了本末倒置的结果（至于大多数贫困户不愿意养殖的状况，将在下文予以讨论）。

在推动实施基础设施建设项目方面，村干部使用的也是相同的宣传策略。例如，在信田村修路的过程中，因为先需要村民凑一部分钱修路基，所以一部分村民不愿意修。村干部就告诉他们：

> 今年把路修好，只需要出小部分钱（剩下的政府会出钱），一旦过了今年，政府就不再支持修路了，要把资金投入其他项目，如果以后想要道路硬化，钱就得全部由咱们村民自己出！
>
> 资料来源：对广福村村书记的访谈。

此话一出，村民因担心政府以后真不愿意投资修路，多次协商后，最终凑了钱把路基修好了。

从上述分析可知，县级政府和乡镇政府主要通过文件和开会的形式把扶贫政策相关内容和要求通知到村一级，再由村干部、驻村第一书记向农户进行宣传和告知。当然，村委的宣传并不能一次就成功，而是要经过好几轮的劝说。另外，并不是所有的扶贫项目都需要村委多次进行宣传，那些直接能被人感受到"有利可享"的项目根本不需要村干部劝说，村民会自己主动向村干部咨询，甚至会主动申请，例如，"危房改造"项目、"雨露计划"等。

二　扶贫政策和项目的落实

公共政策目标的实现，一方面有赖于公共部门能够制定正确、合理、有效的公共政策，另一方面更有赖于政策执行主体积极主动地有效落实，有赖于其在政策执行过程中角色的准确定位和作用的有效发挥。政策执行主体的积极主动执行有利于促进公共政策的顺利实施，相反，政策执行主体的消极执行则常会造成公共政策执行的"中梗阻"现象，从而导致政策执行不力、政策执行走样和政策执行偏差甚至执行失败[1]。扶贫政策作为公共政策的一种，也是如此。

村干部的宣传被接受（表面的接受也算）以后，具体的扶贫政策或项目就进入落实和操作阶段。这是政策执行最核心的阶段。不过，扶贫项目因类型不同，执行主体也有所不同：用于村庄扶贫的基础设施建设项目，政策执行主体是村委；用于贫困户扶贫的产业建设项目，政策执行主体是贫困户。因为有这一不同，两种项目落实的过程也十分不同，下文笔者就这两种情况分别举例分析。

（一）基础设施建设项目的落实过程

按照贫困村"五有四通"的脱贫标准，基础设施建设是贫困村建设的主要内容之一。乡镇政府和村委，尤其是村委，积极推进该类项目的原因在于，基础设施状况是诸多扶贫指标中的一种，基础设施建设项目能迅速改变村庄面貌，最容易被检查和感受到。在广福村基础设施建设过程中，村两委发挥了举足轻重的作用。

分税制改革以来，国家的财政分配主要通过项目制方

---

[1] 陈凌霄：《我国农村扶贫开发政策中的多元执行主体研究》，南京大学硕士学位论文，2017。

式实现向下转移和流动，地方政府通过项目申请方式来获得财政资金[1]。扶贫是一种典型的项目制运行方式，中央政府和省级政府将各项扶贫指标下达给县政府的同时，也将权力和资金下放到县级政府。县级政府有权根据本县实际情况制订规划，将下发的资源组装打包。而相对于大量贫困村和贫困户，政府的扶贫资源是有限的。因此，并不是一个村庄只要是贫困村，就能等到县级政府的扶贫资源，而是需要与其他贫困村去竞争。在这种情况下，行政村需要去县政府"跑项目"。

在扎实推进农村扶贫开发的大背景下，大量扶贫资源流入村庄，村委"跑项目"相比以前更容易。以修路为例，一般的申报过程是：村委征求乡镇政府和自然村同意后，写一个修路的申请报告，盖章后交到乡镇政府，乡镇政府盖章后报送县扶贫办；县扶贫办收到材料后，组织人员查看路况是否符合条件后再批准；县扶贫办同意后，就会招标安排工程队进村施工，但会先要求行政村把路基修好，把相关纠纷解决好。不过，以上的流程一般只适用于行政村一年报修一条道路的情况。如果同时报修好几条，县扶贫办就很难批下来。广福村有 11 个自然村，分为 6 个片区，且分布较分散，所以，从村委到各自然村的主路有很多条，仅靠每年修一条的进度，很难在短时间内修好通

---

[1] 折晓叶、陈婴婴：《项目制的分级运作机制和治理逻辑——对"项目进村"案例的社会学分析》，《中国社会科学》2011 年第 4 期。陈家建：《项目制与基层政府动员——对社会管理项目化运作的社会学考察》，《中国社会科学》2013 年第 2 期。周飞舟：《分税制十年：制度及其影响》，《中国社会科学》2006 年第 6 期。

村委道路。为了尽快完成通村委道路设施的修建，村委只有不断地向县扶贫办申请。对于这一点，村书记如是说：

> 你也是知道的，一般一年只能批一条。扶贫办的人说我得寸进尺，修好了一条路，然后马上再报一条路。我说我不这么修，你是不给我的。我肯定是修好了这条，然后再报一条，如果一起报的话，肯定会吓到他们的。
>
> 资料来源：对广福村村书记的访谈。

除了正式申请，非正式关系在广福村道路修建过程中发挥了重要作用。广福村的通村委道路建设项目主要是村书记努力的结果。在工作过程中，村书记与县扶贫办建立了不错的私人关系，为广福村争取到了不少建设项目。

同时，村书记还与工程队建立了良好的关系。自然村通行政村的公路必须在一公里以上才能获批。但广福村有两条路不足一公里，所以没法申请。工程队就建议村书记把两条路合起来修，并且还答应先垫资，修好后再由村委向扶贫办申请补助。最后，在工程队的帮助下，两条路全部修好且获得了县扶贫办的修路补助。

从以上事例中，可以看出，扶贫政策的落实不是一个简单的自上而下的实施过程，而是充满着竞争和博弈。其中，村干部要充分发挥能动性，巧妙运用正式关系和非正式关系将项目争取到村。这与一些项目制相关研究的结论相吻合：村庄的人脉资源、村干部的积极主动与否等因素，与村庄资源的获得有直接关系①。这也反映了从汲取型国家②到给予型国家③的转变过程中，基层政府、村委进行项目运作的一般性特征。在汲取型国家或谋利型国家④中，基层政府干部在正式行政权力的行使过程中，经常需要巧妙利用正式权力外的本土性资源，即将社会中的非正式因素大量地运用于正式权力的行使过程中，从而使国家意志能够在农村中得到贯彻执行；而在给予型国家中，则能够看到政治运作上的一条"回路"，将非正式的关系运用到正式的行政过程中，以获得更多的政府资源。

（二）产业建设扶贫项目的落实过程

帮助贫困户发展产业，能够让贫困户增加收入，并获得持久的内在发展能力，意义重大。因此，推动产业发展成了政府扶贫工作中最重要的考核指标。在这一点上，政府的出发点并无问题，但实施起来却困难重重。其原因在于，本质而言，发展产业是一项经济行为，而对于任何一项经济行为，农民都会考虑投资成本、时间成本、市场风险、病灾风险等因素，只有当收益大于成本时，他们才会行动。因此，利益相关者在发展产业中的行动与基础设施建设中的行动十分不同。

---

① 叶敏、李宽：《资源下乡、项目制与村庄间分化》，《甘肃行政学院学报》2014年第2期。
② 周飞舟：《从汲取型政权到"悬浮型"政权——税费改革对国家与农民关系之影响》，《社会学研究》2006年第3期。
③ 王雨磊：《精准扶贫何以"瞄不准"？——扶贫政策落地的三重对焦》，《国家行政学院学报》2017b年第1期。
④ 杨善华、苏红：《从"代理型政权经营者"到"谋利型政权经营者"——向市场经济转型背景下的乡镇政权》，《社会学研究》2002年第1期。

以发展养殖业为例，其投资成本高，市场风险大，收益无法保证，很多贫困户不愿意发展养殖业。但是，为推进扶贫工作，村干部和驻村第一书记仍会积极地与贫困户对接，结合贫困户家庭实际情况，劝说贫困户发展合适的养殖项目。结对帮扶人确立后，帮扶人也会加入劝说者中，不断做贫困户的工作——如果不搞养殖，不仅得不到产业扶持资金，最后也没法脱贫。直到最后，如果贫困户确实不愿意，村委和帮扶人也不再强求。不过，从表4-3来看，广福村大部分贫困户还是接受了村干部和帮扶人的建议。贫困户同意发展养殖后，乡镇政府还会要求贫困户按照项目申请的流程填写养殖项目申请报告，其内容如下：

村干部ＸＸ：

我是ＸＸＸ自然村人，名叫ＸＸＸ，现有家庭人口Ｘ人，家庭因ＸＸＸＸ原因，经济困难，是ＸＸ年精准识别出的建档立卡贫困户。为发展经济，脱贫致富，早日摘掉贫困户帽子，现向上级申请，自愿发展项目，并自行承担市场风险，请求上级领导给予扶持为盼。

申请人：ＸＸＸ

2016年Ｘ月Ｘ日

养殖项目申请批准后，贫困户被要求在规定的时间内买回种牛、猪仔或鸡鸭苗。完成之后，帮扶人会到贫困户家里记录信息，拍照存档；村委在统计各贫困户的养殖、种植情况后向乡镇政府申报，乡镇政府汇总后向县扶贫办申报项目，县扶贫办连同县财政局汇总项目计划报县扶贫开发领导小组审批。另外，在这一段时间内，乡镇政府会和贫困户签订"扶贫产业开发养殖项目承诺书"，表明贫困户是自愿申请实施县扶贫开发领导小组下达的ＸＸ养殖项目，并为了确保本批次养殖项目顺利、成功实施，要求贫困户做出以下承诺：

一、本批次实施的养殖项目的ＸＸ种苗由本人自行购买，经验收合格获得补助后，本人承诺绝对不宰杀或出售。

二、如在2020年前养殖的ＸＸ出现非正常死亡，应第一时间报告乡镇领导和驻村工作队（第一书记），把非正常死亡的ＸＸ拍照存档，同时本人重新筹资购买ＸＸ补齐养殖数量，并承担养殖、购销风险。

政府试图通过让农民签订承诺书来消除农户在养殖过程中遭遇市场风险时自己可能会承担的责任。但是，农民自己早已意识到这种风险，并且他们也会想办法尽量规避或减少这种风险。他们具体的做法是：尽管答应开展养殖，在书面上也做出了承诺，但实际上，他们中有一部分并不会严格按照政策要求来开展。例如，养猪的贫困户不一定买母猪，而是买肉猪，只要猪长大，就可以选择把它们卖掉；养鸡或鸭的贫困户不会买足100只，最多也就六七十只。对于这种情况，村干部、第一书记、帮扶人等人也很难查出来。另外，他们也清楚地知道养殖是有风险的，所以能够理解农民的谨慎，只要贫困户大概按照规定做了就行。

在"压力型体制"下，上级政府会将确定的经济发展和政治任务等"硬性指标"层层下达，由县至乡镇，乡镇再到村庄，并由村庄将每项指标最终落实到每个农民身上①。从广福村发展产业扶贫措施实施过程，可以看到这种"压力型体制"仍在延续，甚至被强化。同时，贫困户显示出了"弱者的武器"，采用巧妙的办法应对这种"压力"。总之，产业扶贫项目的落地，是在政府的推动下，村干部和帮扶人不断劝说，贫困户妥协的结果。也可以说，这是一种被动型的政策执行。

三 扶贫政策和项目的检查

检查是对项目的执行过程和结果是否符合要求和标准而进行的工作，是整个政策落地的最终环节。也就是说，只有检查完成并合格后，整个政策才能算完全落地。在扶贫过程中，不管是村庄层面的扶贫，还是贫困户层面的扶贫，都已经高度指标化、数字化、系统化②。政府对扶贫项目进行检查的目的就是看这些指标是否完成、数字是否合格。同时，由于各级政府都有落实扶贫工作的责任，有关

---

① 王汉生、王一鸽：《目标管理责任制：农村基层政权的实践逻辑》，《社会学研究》2009 年第 2 期。

② 王雨磊：《数字下乡：农村精准扶贫中的技术治理》，《社会学研究》2016 年第 6 期。

检查一般不会一次完成，而可能要经各级政府多个部门的多次检查。

一般来说，对不同扶贫项目的检查方式会不一样。在扶贫项目中，对基础设施建设项目的检查过程相对简单。以道路建设项目检查为例，道路硬化完成后，施工单位会主动请求主管部门验收；待主管部门组织人员验收合格后，项目实施单位在验收后5个工作日向县级主管部门提交申请及证明材料，申请资金拨付；主管单位审核材料通过后，转交县级财政部门拨付资金给施工单位。广福村的基础设施建设都是按照这个程序完成了检查。不过，对具体项目的检查结束后，可能还会有一轮（甚至好几轮）的综合性检查。在贫困村脱贫摘帽当年，从自治区到县各级政府相关部门，会随机抽选核验的村、户，按照贫困村"十一有一低于"和脱贫户"八有一超"的脱贫标准，进村入户开展现场核验。

对贫困户发展产业项目的检查则相对要复杂些，尤其是养殖项目，因为它不是"一锤子买卖"，而是处于变动中。例如，贫困户不想养了，就可能卖掉牲畜，或者牲畜得病死了，贫困户不愿再买进畜禽继续养殖，这些情况都有可能发生。因此，广福村的村干部尤其是第一书记会经常入户访问，了解贫困户的畜禽养殖状况，并且每次都会拍照存档。帮扶人每次入户也会做相同的工作。对于贫困户在畜禽养殖过程中出现的困难，他们还会帮想办法解决。可以说，这是比政府更常规、更入微的非正式检查。当然，在养殖过程中，也有两次正式检查。

第一次检查是由联系领导或指导员、第一书记、村委干部、帮扶人组成的核查组进行自查，核查的内容是贫困户和申报的养殖内容、数量是否相符，并且要附上养殖项目和贫困户户主的照片。核查组核查完成后，填表交乡镇政府评定验收。那么，上文提到的那些偷巧行为能被查出来吗？一般不会。其原因是：对于一头猪，是母猪还是肉猪，在没生小猪之前，是没法通过肉眼判断的；鸡鸭的数量达到一定规模后，其数量就很难精确，因为它们是走动的，即使村干部觉得数量不够，贫困户也可以说，有一些上山或去地里了。

乡镇政府验收完成后，县扶贫办根据乡镇的验收结果，采取抽查方式，对每个同类项目以不低于10%的比例进行抽查，再次核实乡镇所报材料是否真实。抽查合格后，县扶贫办根据乡镇验收结果和抽查结果，通知乡镇统一收齐贫困户的身份证复印件和农户"一卡通"账号复印件。最后，县扶贫办通过银行转账方式，直接将补助资金发放到农户"一卡通"账号。

可以说，虽然不同类型扶贫项目的执行过程简繁不一，但都有一个共同点：所有扶贫项目只有完成了检查环节，才算真正完成。不过，也要看到，检查的完成只是意味着相关政策执行结束，并不能表明所有的政策结果完全符合政策目标和期望。扶贫政策被系统地分解为各种指标，并加以数字化规定，其目的在于准确评估实施效果，但是，这种指标化和数字化并不能很好地实现政策本意。

第四节　行动主体在扶贫过程中的摩擦

不容置疑，对比扶贫前后的状况，广福村发生了翻天覆地的变化，尤其在基础设施建设方面。不过，已有的成就仍不能遮蔽扶贫政策在落地过程中的困境。上一节结合一些事例分析了扶贫政策落地的一般过程和利益相关者在其中的行动，但并没有对其中的矛盾点及其成因展开细致分析。公共政策的执行，是政策本身、外在环境、执行机构与目标群体不断互动的过程。在这个环环相扣、相互影响的过程中，单个因素以及相互间互动而产生的摩擦，都会影响政策原初目标的实现[1]。

扶贫政策因其涉及面广、执行层级多、实施主体多元、目标群体千差万别，执行起来要比一般的公共政策更为困难。精准扶贫不精准[2]、扶贫项目目标偏离[3]等问题的讨论已屡见不鲜。以广福村产业建设项目为例，虽然产业建设项目在村干部、第一书记、帮扶人的努力下落实到地，但是，政策的原意和精神却逐渐消失——意在帮助贫困户发展致富的政策变成一项领取扶持资金的福利和应付上级检查的任务。为什么会导致这样的结果呢？回到扶贫政策下达的一般途径——扶贫政策从县级

---

[1]　郭欣：《我国扶贫政策执行中影响因素研究》，中央民族大学硕士学位论文，2008。

[2]　王雨磊：《村干部与实践权力——精准扶贫中的国家基层治理秩序》，《公共行政评论》2017a 年第 3 期。

[3]　邢成举：《村庄视角的扶贫项目目标偏离与"内卷化"分析》，《江汉学术》2015 年第 5 期。

政府到乡镇政府，再到村委，从村委再向村民宣传，最后由村委（包括第一书记）和村民落实——就可以发现，从县级政府以下，扶贫政策至少涉及4个行动主体。从主体的性质来说，每一个主体是有自己的利益取向，并且可能存在分歧。那么，不同主体的利益是如何平衡的呢？他们是否存在摩擦呢？这些摩擦对政策执行又有什么样的影响呢？

毫无疑问，这些问题不仅体现在产业建设项目上，在其他扶贫项目上也都有所体现。如果这些问题处理不好，就会导致扶贫政策走样和目标偏离。因此，这一小节将从利益相关者视角探讨扶贫政策落地过程中的困难和问题。

一 县、乡镇之间：财权管理者与事权承担者的摩擦

从总体上看，中国政府各层级间的关系呈现"行政发包制"特征，其面向之一就是行政事务在各级政府间层层发包，上级政府通过例行检查、政绩考核、专项整治对下级政府进行监督[①]。按照事权与财权相统一的原则，事权下包，下级政府的财权理应相应增加。但是，在实践中，事权和财权往往划分不清。此类情况在县、乡镇之间尤为突出。农村税费改革之后，乡镇失去了财政自主权，县级政府不断向乡镇政府下压事权。一方面，县级政府上收

---

① 周黎安：《行政发包制》，《社会》2014年第6期。

财政权力，下放事权；另一方面，乡镇政府丧失财政自主权，承接大量事权，县乡间权责分配失衡严重①。在扶贫过程中，这一情况更加明显——大量财政资源被县级部门掌握，不经乡镇政府之手，直接进入村庄，但同时却要求乡镇政府承担大量扶贫工作。在与乡镇政府工作人员座谈时，乡镇政府工作人员抱怨得最多的就是"钱少事多"。

> （扶贫）所有的钱都是来自县政府的各个部门的，我们镇上的所有财政都是县管的。钱主要是县管，我们本级的没有。
>
> 资料来源：对大西江镇扶贫办工作人员的访谈。

因此，事权和财权的划分很容易成为县乡关系的摩擦点。以往研究表明，上级政府为了保证下级保质保量地完成任务，往往通过"政治承包制"方式将压力层层传导②。这种"压力型体制"表述虽然对基层政权运作特征有很强的概括力，但只是注意到了县乡关系中"压制"的维度，遮蔽了地方所表现出的主动性、创造性。③李祖佩基于西部某乡镇的研究发现，国家项目输入的过程，也是乡镇政

第四章 —— 村庄扶贫状况与行动主体间的摩擦和调试 ——

---

① 薛金礼、付海静：《论乡镇政府职能转变需要的外部因素》，《黑河学刊》2013年第10期。

② 荣敬本、赖海榕：《关于县乡两级政治体制改革的比较研究——从村到乡镇民主制度建设的发展》，《经济社会体制比较》2000年第4期。

③ 李祖佩：《项目下乡、乡镇政府"自利"与基层治理困境——基于某国家级贫困县的涉农项目运作的实证分析》，《南京农业大学学报》（社会科学版）2014年第5期。

府自利性诉求凸显并发挥作用的过程。[①]冯猛通过对东北某农业乡镇的研究发现，乡镇政府是一个具有自身经济政治利益的组织，追求财政最大化是乡镇政府的行动目标。在本文中，这种追求即体现了政府的主体性。那么，可以设想，扶贫工程中，当乡镇政府发挥主体性，并与县级政府发挥主体性的行为发生冲突或矛盾时，扶贫政策的执行是否会遭遇挫折？下面将以具体案例来说明县乡在制度上存在的摩擦如何影响扶贫项目的进程。

2016 年 8 月，广福村向全州县扶贫办申报一条自然村通行政村的道路的修建项目申请，并于当年 11 月获得批准。不过，该项目获批后，全州县扶贫办并没有立即组织招标，而是拖到 2017 年初才完成招标程序（在大西江镇政府不知情的情况下）。随后，中标的工程队与村庄签订了合同，准备施工。没过几天，大西江镇政府知道消息后，进村叫停了工程队，其理由是："去年全县专门召开了会议，确定了道路硬化项目的实施规则——造价在 50 万元以上的由县扶贫办招标，造价 50 万元以下的由乡镇政府招标。而这条路造价在 50 万元以下，应该由乡镇政府招标。"工程被叫停后，大西江镇政府去全州县扶贫办问询情况，全州县扶贫办也给出了反对的理由："如果由镇政府招标，假如工程出现质量问题，被追责的是扶贫办，而不是乡镇政府，因为现在县乡财政没有分定，修路款还是由扶贫办在管，出了问题自然也由扶贫办承担，

---

① 冯猛：《后农业税费时代乡镇政府的项目包装行为——以东北特拉河镇为例》，《社会》2009 年第 4 期。

更重要的是，审计对象也是扶贫办，而不是乡镇政府。"大西江镇政府与全州县扶贫办协商多次无果，道路建设没能开工。广福村村干部多次找到大西江镇政府询问道路开工情况，大西江镇政府说"这是乡政府和扶贫办的事"。不过，直到课题组调查结束，该建设项目仍未开工。

通过查阅全州县政府相关文件（如下引文），笔者发现，在 2016 年 9 月以前，村庄的基础设施建设项目，尤其是道路建设项目，都是由全州县扶贫办直接指导实施，乡镇政府只是在村庄申请时提供帮助，同时起监督作用，无权干涉县级有关部门的项目实施。直到后来，扶贫项目越来越多，县政府为了提高扶贫工作的效率，在基础设施建设项目的实施上采取了分级管理方式，将权力下放。

> 2016 年 9 月 14 日，县长 LZD 在县会议楼常委会议室主持召开县长办公会，就脱贫攻坚基础设施建设等有关事项进行了研究，并达成一致意见，现将会议纪要摘录如下：
>
> 关于全县 68 个贫困村基础设施建设
>
> 会议原则同意县扶贫开发领导小组专责小组关于全县脱贫攻坚的基础设施建设实施计划……其中，（一）关于自然村通行政村道路硬化项目……实施方式：总造价 50 万元以下的项目以项目所在村（居）委为建设主体，所在乡镇政府指导实施，可由村民自发组织理事会进行监督。总造价 50 万元以上的项目由县扶贫办为建设主体并组织实施，由县扶贫办、乡镇政府、村委会共同监督……
>
> 资料来源：《二〇一六年九月十四日县长办公会会议

纪要》（全政阅〔2016〕35号）。

因此，可以看出，自这一会议结束后，乡镇政府确实在扶贫项目管理上获得了一定空间，这对"事多财少"的乡镇政府来说，无疑是一个好消息。不过，扶贫项目资金一般都属于专款专用的资金，从结果来看，不管是由哪一级政府组织实施，最后都要转化为村庄公共物品的提供。那么，为什么县乡两级政府会发生摩擦呢？从两者在实践中各自的说法来看，乡镇政府和县扶贫办都有其自身的合理性——乡镇政府按照上级政府相关文件规定行事，自然合理合法；对于县扶贫办而言，项目款由其管理，为了保证道路质量，减少被追责的可能，自己组织实施也合情合理。但是，这只是两者之间的表层冲突。在这表层冲突背后还有更深层的意涵——争取项目的控制权，其实质是对财政资源支配权的争取，财政资源是影响政府行为的核心变量。

政府部门一般有提供公共物品、维持机关正常运转、干部自身获得政治经济利益这3个目标[1]。虽然项目资金主要用于村庄公共物品提供，但同时也能实现其他两个目标。因为项目的检验是以结果来呈现的，上级投放项目资金的要求也是只要项目结果达到，至于其中的操作过程"不必过于细究"。而在这个"不用细究"的过程中，地方政府可以重新分配使用资金。也就是说，政府部门掌握了项目资金的支配权后，就可以通过内部运作，将项目资金

---

[1] 冯猛：《后农业税费时代乡镇政府的项目包装行为——以东北特拉河镇为例》，《社会》2009年第4期。

变成部门（部门领导）可以自主使用的资金。这在专款专用占主导的财政体制下，无疑是获得了巨大财政自主权。

基层扶贫基础设施建设项目实施中体现了一层隐晦的利益关系——缘起于政府项目的有限性、不透明性以及项目发包的隐性机制，项目主管的职能部门与市场主体的承包商之间在一定程度上会发生权力寻租行为[①]。在现行的财政管理体制下，县乡两级政府因事权和财权划分不清带来的利益摩擦却比较常见。如果这种状况解决不好，很可能会阻碍扶贫政策的执行。

二 县、村之间：资源分配者与资源竞取者的摩擦

在自然村通行政村道路硬化项目分级之前，几乎所有的相关项目都由县级政府的职能部门负责，项目都是一杆到底。即使进行分级管理后，绝大部分的项目和资源还是由县级部门掌握。作为扶贫政策、项目、资源的发出者，与作为扶贫对象的村庄一直存在直接的互动和复杂的联系。也就是说，县政府和相关部门一方是资源分配者，贫困村这一方是资源竞取者，他们之间也会存在诉求和利益的不一致。这种不一致会影响到扶贫项目的开展。

在基础设施建设过程中，前文已经讨论论过，村干部会努力地"跑项目"，为村庄争取到很多资源。无疑，这从村庄的角度，展现了其利益取向。但是，仅从村庄角度来看

———————————

① 詹国辉、张新文：《农村公共服务的项目制供给：主体互动与利益分配》，《长白学刊》2017年第2期。

扶贫项目的开展是片面的，因为并不能假定资源分配者是一个无自我意识和利益取向的主体。已有研究表明，项目资金在使用过程中容易被基层政府的行政意志主导，反而使资金最终难以落实到乡村社会[①]。具体表现为：一方面，基层政府可以压缩或改变资金原来用途，用于其他的财政项目支出，或者从项目资金挤占一部分变为基层政府的自主资金；另一方面，基层政府遵循政绩逻辑，项目指标的投放关系到年终考核，关系到政府工作的绩效，更关系到领导的政绩[②]。因此，政府更倾向于将项目资金投放到更容易出政绩的示范连片区、中心村（明星村）、领导意志村等[③]。

在扶贫过程中，贫困村脱贫的任务已经成为地方政府责任清单中的具体指标和数字，地方政府会集中资源和财力完成清单所列要求。在这个背景下，贫困村抓住机会通过各种方式向扶贫办申请项目建设村庄，是一件合情合理的事。但是，对于县级政府而言，其思考问题的角度则不是这样的。县政府考虑的是全县的贫困形势，做出的政策决定和项目安排都要考虑到全县的整体情况，照顾到各贫困村的脱贫进度。毫无疑问，县政府对扶贫资源的分配都会经过理性考虑。

---

① 周飞舟：《财政资金的专项化及其问题兼论项目治国》，《社会》2012 年第 1 期。
冯猛：《后农业税费时代乡镇政府的项目包装行为——以东北特拉河镇为例》，《社会》2009 年第 4 期。

② 李祖佩：《项目下乡、乡镇政府"自利"与基层治理困境——基于某国家级贫困县的涉农项目运作的实证分析》，《南京农业大学学报》（社会科学版）2014 年第 5 期。

③ 李祖佩：《"新代理人"：项目进村中的村治主体研究》，《社会》2016 年第 3 期。

全县有 68 个贫困村，你申请，他也申请，如果一下子都批准了，哪有那么大财力？我们要考虑到总体推进，我们要考虑脱贫总目的，比如，你这个村明年脱贫，明年再帮你修，今年就先给脱贫的村修，因为脱贫的村需要核验的嘛！

资料来源：对全州县扶贫办主任的访谈。

因此，从局部出发的村庄与从全局出发的县级政府的考虑是不一致的。村庄的利益诉求不可能一下全部实现，可能在时间上会有所延迟。村庄的项目要在政府的"全局"框架下去适应相关安排。例如，广福村的信田（自然）村原来修建的饮水管道全部老化坏掉，村民饮水十分困难。2013 年，广福村为信田村申请安全饮水工程，并让信田村也成立项目组和村干部一起向政府"跑项目"，但是，直到年终信田村也没有申请到项目资金。最后，全州县扶贫办给出的解释是，当年，他们已经给广福村批了两条路，考虑到其他村庄的建设需要，就没有再批。到了第二年，广福村为信田村再申请时，全州扶贫办才审批通过。

扶贫资源的分配受多种因素的影响。毫无疑问，其中最重要的影响因素是村庄的贫困程度，因为扶贫资源配置本身的目的就在于扶贫。一般而言，在扶贫过程中，村庄越贫困，就越能得到政府的重视，得到的扶贫资源也会越多。例如，与广福村同属于贫困村的 SK 村，因为其贫困程度更深，县乡政府在扶贫资源分配和项目安排方面就会向该村倾斜。另外，一些突发情况的发生也会导致扶贫资源分配的紧张。

例如，2017 年 7 月，全州发生百年难见的特大水灾，许多房屋倒塌损坏，道路损毁中断，农田冲毁绝收。为了应对灾情，重建家园，全州县政府不得不调整扶贫款的年度安排，使扶贫资源向受灾严重的贫困乡和贫困村倾斜。这无疑会间接影响其他贫困村的项目安排和扶贫资源获得。

总而言之，县、村两者作为资源分配者与资源竞取者，始终存在目标追求上的不一致。县级政府考虑的是全县的脱贫情况，并依此做出整体的扶贫资源分配和项目安排；而村委的目的是通过扶贫机会获得更多资源和项目，促进村庄发展。两个主体虽然都遵循了理性的逻辑，并且都追求利益最大化，但因为出发点不一致，在扶贫项目过程中，行动始终存在错位。村庄处于弱势一方，要想获得更多资源，就需要采取一些非正式方式。不过，这种非正式方式的诉求表达要适应县级政府的总体安排。

三　政府、村民之间：政策制定者与政策接受者的摩擦

税费改革以来，一直依靠从农村收取税费维持运转的基层政府转而依靠上级转移支付。基层政权与农民的关系从"汲取型"转变向"悬浮型"[1]。不过，自开展社会主义新农村建设以来，国家通过财政资源再分配方式将越来越多的公共资源投入乡村社会，基层政府与村庄和农民的关

---

[1] 周飞舟：《从汲取型政权到"悬浮型"政权——税费改革对国家与农民关系之影响》，《社会学研究》2006 年第 3 期。

系又逐渐转变为"给予型"①。尤其是精准扶贫政策实施以来，国家在农村建设投入中的比重越来越大。基层政权从"汲取财政"到"财政给予"，使政府和农民的关系有了极大的改善，与以前相比，农民对政府行为的评价改善许多。不过，政府和农民关系的改善，似乎并没有解决农村政策执行走样问题。

对于农村政策在执行中出现的走样问题，有学者指出，农村公共政策存在政策目标难以度量、公共部门激励不足、政策不完备等特点，给了执行者扭曲政策、谋取个人和集团利益的机会，最后导致政策走样②。在具体案例的研究中，相同或类似的原因，例如政策设计不完善、地方政府自利性动机等也已被证实③。不过，从广福村的产业建设过程看，其政策目标非常明确，执行者没有扭曲政策，也没有谋取个人利益，反而不断通过强制和劝说来促使农民落实政策。既然上述因素没有发生作用，那么，是什么因素导致产业扶贫政策在广福村的执行过程中出现一定程度的走样呢？这一部分的分析将把扶贫产业扶贫政策放在政府与村民两个主体的关系中来理解，并结合社会环境，对政府的产业扶贫政策为何没在贫困户层面扎根做出进一步的回答。需要说明的是，这里所分析的政府包括县级政府、乡镇政府。在产业扶贫具体政策和措施方面，虽

---

① 王雨磊：《数字下乡：农村精准扶贫中的技术治理》，《社会学研究》2016年第6期。

② 谭秋成：《农村政策为什么在执行中容易走样》，《中国农村观察》2008年第4期。

③ 李戈：《地方政府自利性引起的公共政策执行偏差问题研究》，华东师范大学硕士学位论文，2009。

然县级政府是制定者，乡镇政府是执行者，但从最终目标来看，他们存在高度统一性，因此，这一部分对两者不做严格区分，将其统称为"县级以下政府"（部分地方将其泛称为"政府"）。

与其他扶贫政策不同，县级政府制定具体的产业扶贫政策的目的只是起引导和帮扶作用，真正的落实主体还是单个的贫困户。因此，产业扶贫政策不是仅靠各级政府自上而下地无偏差执行就能有效实施，还需要依靠贫困户的配合。不过，其中的困难在于，面对千差万别的贫困户，政府制定的政策却具有一般性和普遍性，很难与农户的个体性和特殊性相吻合。具体而言，贫困户的致贫原因和家庭条件各不相同，基层政府用发展产业的统一方式很难顾及贫困户的特殊性。一旦政策要求与贫困户的家庭状况不相适应，必定会引起贫困户的反对。贫困户 LTS 就是这种情况：

因为要照顾 80 岁的母亲，我不能外出，只能在家周边打小工，加上一个孩子读大学，一个孩子读初中（孩子母亲陪读），家庭开支十分紧张。政府让我们搞养殖根本不符合实际情况。像我，两个孩子都要上学，对现金需求特别大，我必须每天出去找小工挣钱才能满足他们（家庭成员）的需要。如果我养一头牛，或者养一头猪，我就哪都去不了，因为每天都得花时间给它们喂食。而且，养殖出效益太慢了，比如养一头母牛，最快也要三年才能有小牛卖（母牛养一年，怀孕一年，小牛养一年），就算养肉猪也得大半年才能卖，这大半年我不能什么都不干吧？每天都要用钱呀！

资料来源：对贫困户 LTS 的访谈。

通过进一步分析，可以看出，基层政府内嵌于政策的利益导向与农民的现实状况和其追求不契合，是导致政策偏离的原因之一。以上案例不仅反映了家庭具体状况的差异带来了农民对政策的不适应，也反映了农民的生产资料、生活资料、社会交往已经高度货币化的现实。也就是说，农民的家庭生产与资源配置已经被卷入全球性生产链条和社会分工，必须通过购买社会化服务才能得到满足。进入市场化发展时期，小规模农户面临的首要问题是应付即期的货币支出，缓解货币支出压力，维持家庭正常运转[①]。转换到农户的动机上，可支配货币最大化自然成为农民的追求目标。所以，农民一般会选择确保投入劳动就能稳定获得现金收入的方式。尽管基层政府的意图是培育农民的内在发展动力，着眼的是贫困户的长期效益，可是，养殖的回报周期太长，与农民希望获得可持续的即期货币这一目标不符。正因为如此，贫困户 LTS 表达了最为期待的扶贫方式——"政府引进一个企业进村，让贫困户在企业里打工，获得稳定的收入"。

同时，发展产业本身需要劳动力、时间和资金的投

---

① 邓大才：《社会化小农与乡村治理条件的演变——从空间、权威与话语维度考察》，《社会科学》2011 年第 8 期。徐勇、邓大才：《社会化小农：解释当今农户的一种视角》，《学术月刊》2006 年第 7 期。

入。而很多贫困户的贫困本就是因学、因病、因残形成的，缺少的恰恰是劳动力和资金。更重要的是，发展产业本质上是一种经济活动，它不仅需要贫困户先投劳投本，还使贫困户面临较大的市场风险。一旦养殖失败或市场价格波动，贫困户的生活负担和风险无疑会加大。JXM 家就是这种情况：

> JXM 家非常贫困，上有 80 多岁常年吃药的父亲，下有两个正在上学的孩子，而丈夫早年因事故去世。所以，生活的所有重担都落在 JXM 身上，她几乎每天都在家里家外忙活，维持家庭生活。当村干部和她说，要发展产业时，她直接表示："做不来，我不是在地里忙，就是外出找小工干，一年挣的钱还不够家里花销，哪里有本钱和时间搞养殖呢？而且，我又不懂养殖，没有什么经验，养亏了怎么办呢？"后面，实在抵不过村干部和帮扶人的劝说，她才养了两头猪。但是，因为缺少经验，没时间管理，家里的猪又病死了一头，自己不得不再掏钱补了一头（如果不补，检查就不能通过，也就得不到养殖补助）。
>
> 资料来源：对贫困户 JXM 的访谈。

小农户既是追求利润者，又是要维持生计的生产者[1]。理性会让他们主动规避风险，求生存的目标会让他们把重

---

[1] 黄宗智：《华北的小农经济与社会变迁》，中华书局，2009。

心放在满足家庭消费需求上，并通过劳作尽量维持家庭生计平衡。因此，为了维持生计、减少风险，贫困户更不会主动开展养殖。

进一步而言，贫困户不愿意养殖的背后，体现了基层政府所制定的具体扶贫政策没能符合农村家庭经济结构的变化。自古以来，中国小农经济就是一种混合经济，不仅有农业和家庭手工业相结合的"半工半农"的经济形式，同时还夹杂了养殖业。可以说，正是这种相辅相成的经济形态维持了小农家庭的延续。不过，随着中国市场经济改革的推进，中国农业逐渐卷入世界农业体系中，农业市场化和资本化不断加强，由此带来的结果是，小农户的优势逐渐丧失，在农村，种地和养殖不仅不能为农民增加收入，反而可能会让农民亏本，维持不了家庭生计，所以，才会有越来越多的农民放弃种地和养殖，通过外出打工获得经济收入。在调查中，笔者发现，曾经亏损的养殖经历让农民对发展养殖心存抵触。当村干部和帮扶人去劝说农户发展养殖时，他们的第一反应就是："搞养殖肯定会亏本的！"一户养过猪的贫困户说，把养的猪卖了之后，算了一下成本和收益，如果不算养殖补贴，最后还亏了两百元！

对于发展产业面临的风险，基层政府并不是不清楚，但是，出于目标考核的需要，基层政府也没有办法。当然，基层政府也有自己的"苦衷"。基层政府制定扶贫产业开发政策的前提是，省级政府给各县下达的脱贫认定程序中，将"有养殖收入"列为贫困户脱贫摘帽的验收标准之一，将"有特色产业"列为排名第一的验收标准，并且特色产业要覆盖全村 60% 以上的贫困户。也就是说，县级及以下政府面临着巨大的政绩考核压力，如果不贯彻落实省级政府的文件精神，就会因扶贫不力被追责，甚至受到处分。于是，满足政绩考核有关要求成为基层政府制定和落实扶贫产业政策的基本出发点。

从这个基本出发点出发，如果将养殖项目与当地实际的自然条件、养殖传统进行综合考虑，养殖项目本身并没有不妥之处，是政府理性考虑的结果。牛、猪、羊等家畜一直是全州县的传统养殖项目，有着悠久的养殖历史，农业及养殖业一直是全州县这个农业大县的主导产业。鼓励养殖牛、猪、羊等牲畜虽然是政府有意让贫困户配合全县的产业建设，但对政府和农民而言，这都是一种最为保险的做法。一方面，农户有养殖传统，经验丰富，降低了学习新知识、新技术的成本；另一方面，有利于在全县形成规模产业，从而更好地带动农户致富。如果让贫困户养殖当地没有过的新畜种，风险可能会更大，贫困户会更加难以接受。

按照"因地制宜，合理布局，群众自愿"的产业规划原则，结合我县的气候、传统的养殖习惯等自然条件和贫困人口、劳动力、林地等主客观条件，并结合我县贫困群众多年养殖母牛、母猪、母羊等家畜的传统优势，采取"农户自购、自养、自销"及一次性"以奖代补"的模式，计划扶持全县所有建档立卡贫困户发展母牛、母猪、母羊等家畜的养殖项目。通过传统养殖项目的建设，促使建档立卡贫困群众尽快脱贫致富，并成为本县贫困群众的富农支柱产业。

资料来源：《2016年全州县财政专项扶贫资金产业开发养殖项目实施方案》。

从上述实施方案可以看出，发展养殖并不是政府凭空想象出来的，而是结合实际慎重考虑的结果。只不过这种"慎重考虑"仅停留在基层政府自身的理性逻辑中。具体来说，基层政府的基本出发点是完成省政府检查考核的任务。同时，基层政府也清楚地知道养殖存在风险。为了从总体上减少养殖风险、提高贫困户的参与程度，基层政府才选择当地最传统的养殖项目。

综合上述分析，基层政府所制定和执行的具体扶贫政策与贫困户的利益取向、目标追求、家庭条件、经济结构等因素存在不同程度的不相适应，只是政府和村民之间的浅层摩擦，难以说明这些具体政策是不合理或没经过理性思考的。恰恰相反，基层政府和村民都遵循了理性的逻辑。只不过，两者理性思考的出发点不同。基层政府遵循的是"政绩型"逻辑，目的是应对和完成上级政府的检查，减少自己被追责的可能性。为了让农民更好地配合完成这个任务，他们选择了保守和传统的养殖项目，降低了贫困户不参与的可能性。而贫困户遵循的是"经济型"逻辑，对于扶贫项目，他们首先想到的是，实施这一扶贫项目有没有风险，能不能给家庭带来收入，符不符合家庭的总体利益。即使最后，在村干部和帮扶人的劝说下，贫困户妥协，愿意参与养殖项目，也无法说明农民的利益取向和政府的利益取向达成一致。因为这种妥协也是基于一种理性的计算，为的是获得更多的利益：

> 村干部和帮扶人天天劝我，不搞养殖，也就得不到 2000 元扶持资金，想想两千块钱也挺多的。不养的话也就没有了！还有吧，主要现在国家对贫困户有扶持政策，如果我现在不支持政府工作，万一有其他项目，不给我了怎么办？
>
> 资料来源：对贫困户 JHX 的访谈。

也就是说，基层政府和农民的利益出发点不一致，才是扶贫政策在执行中走样的根本原因。

四 在政府与农民之间的村干部：政府代理人与村庄当家人的摩擦

在县级政府、乡镇政府、村委和村民四类主体中，村干部对扶贫政策的落实有非常重要的影响。考虑到村干部处在乡镇政府和村民之间，很多扶贫政策都是由村干部上传下达，具体落实，这里便把村干部的主体性放到政府—村委—村民这一连续关系中来分析，以便更好地理解村干部将如何影响扶贫政策的落实。

在乡村治理中，作为国家正式代理人的村干部是治理主体①，是乡镇政府的代理人和政令执行者。不过，这种说法过于简单，忽略了村干部的主体性表达。有学者指出，村干部扮演着国家代理人和村庄当家人的"双重角色"②。也就是说，村干部一方面要替政府落实政策要求，完成政府下达的任务，另一方面要为村民干实事，谋福利。最近也有学者指出，在基层政府"悬浮"的新背景下，村治主体的谋利冲动与村庄社会的项目诉求相互交织，村庄中交际能力强、关系网络广且关系重心和利益空间在村庄之外的部分村民——"新代理人"登上村庄政治舞台。"新代理人"的治理实践表现出一种利益治理的逻辑，在国家惠农资源的使用中谋取了大量利益。这些研究表明，村干部存在多种面向，而不是简单的乡镇政府的代理人。

在村庄调查中，并没有村干部通过项目谋取私利的情况，不过，对于乡镇政府推动实施的扶贫政策，村干部存在一个评估机制，即"政策—利益"评估机制。具体来说，如果政府推动实施的政策能够让村干部或村民受益，且由政府出资，无须村干部承担风险，村干部就会积极去实施，甚至通过各种方式向政府要这类项目，自然村通行政村的道路硬化项目就是这种类型。而如果政府推动实施的政策不符合村干部或村民的利益，村干部则会表现出消极执行的态度。

例如，镇政府为鼓励广福村村干部带头发展集体经

---

① 李祖佩：《"新代理人"：项目进村中的村治主体研究》，《社会》2016年第3期。
② 徐勇、黄辉祥：《目标责任制：行政主控型的乡村治理及绩效——以河南L乡为个案》，《学海》2002年第1期。

济，愿意出资 20 万元，其条件是：相关产业建成后，必须保证第一年有 2 万元收入，第二年有 3 万元收入，第三年有 5 万元收入；且 20 万元不能直接由村两委支配，而应直接投资于村干部所找到的产业项目。广福村村干部最初答应，但并没有真正落实。村书记的说法是，通过这种方式发展产业的风险太大，没有哪一个项目只挣钱而没有亏本的风险；并且，村干部因此承担的责任过大，一旦亏损，不清楚情况的村民还以为村干部贪污了，从而影响他们的声誉。在"理性"考虑后，广福村最后以没有找到合适的村产业发展项目为由搪塞了乡镇政府。

从产业扶贫项目实施情况看，也可以发现村干部有"保护型经纪人"的一面。他们知道养殖存在巨大风险，所以，对村民"偷巧""变通"的行为采取"睁一只眼闭一只眼"的态度，以降低村民可能遭遇到的风险和损失。

可见，村干部是一个有着内在"利益"取向的主体，当政策执行可能带来的结果与他们的利益取向不一致时，他们会根据内在"利益"取向对政策进行选择性执行。当然，村干部的利益并不仅仅指狭隘的经济利益，获得声望和村民的支持也是他们追求的目标。乡镇政府下达扶贫相关政策后，村干部首先会对政策做一个评估，评估的内容就是政策能否让自己和村民受益，或者至少不会带来什么危害。只有政策执行不会损害其和村民的利益时，他们才会切实真正执行。如果政策执行可能带来的结果明显与村庄和村民的利益取向不符，但又在执行上承受着上级政府的强大压力时，他们会尽力在两者间寻找一个平衡，做到既不违背上级政府的要求，也不至于让村委和村民利益受损。

在扶贫政策执行中，村干部和村民的关系更为复杂。除了庇护关系之外，还可能存在人情关系。两者间的人情关系也会给扶贫政策的落实带来不利影响，尤其在贫困资源分配的时候。村干部虽然与村民生活在同一个乡土社会中，但还是有一个差序格局社会关系网络。一些研究表明，在这个关系网中，与村干部关系越亲密的村民，也就越有可能获得照顾[1]。从政策要求而言，精准扶贫讲究的是精准、公平，要求一视同仁，但一旦落实到存在错综复杂的人情关系的乡土社会中，就可能变得不精准、不公平了。

综合上述分析，村干部作为乡村社会的政策执行者，始终面临着双重行动逻辑的困境。第一重逻辑是行政逻辑，作为国家政策的执行者，他们被要求公平、公正地对待村庄的每一户农户，严格按照政策要求去落实，不能掺杂私利、人情、关系；第二重逻辑是乡土逻辑，他们无法摆脱所处乡土社会的道德评价和人情关系，在执行对自己和村民可能不利的政策时，要"保护"自己和村民。同时，在资源和利益分配时，必须要考虑和照顾自己的关系网络，否则，就会被乡土社会所"驱离"。这种困境的存在，也容易导致精准扶贫政策在落实中走样。

---

[1] 邢成举：《村庄视角的扶贫项目目标偏离与"内卷化"分析》，《江汉学术》2015 年第 5 期。

第五章

村庄脱贫状况与利益相关者的评价

无论采取何种扶贫手段，脱贫是扶贫的最终目标。落实到具体的村庄与个人，脱贫情况又是如何呢？对于脱贫过程和成效，利益相关者的评价如何？这一章将在分析广福村脱贫现状的基础上，从利益相关者视角分析脱贫指标的分配以及不同主体对脱贫的理解和评价。

第一节　广福村的脱贫现状

一　脱贫的含义与测量指标体系

（一）脱贫的含义

脱贫从字面上理解就是摆脱贫困。学界虽然没有对脱贫这一概念进行系统的学理界定，但从诸多视角探讨了这一问题，例如，从赋权的角度在公民权理论视野下探讨脱贫[①]，基于发展优势视角[②]、农产品的供应链视角[③]来分析，认为教育在脱贫中具有基础性作用[④]，提高脱贫攻坚行动参与主体的自我发展能力视角[⑤]等。

从脱贫的目标要求和标准看，中共中央、国务院在2011年下发的《中国农村扶贫开发纲要（2011—2020年）》中明确提出，"到2020年稳定实现扶贫对象不愁吃、不愁穿，保障其义务教育、基本医疗和住房"（简称"两不愁、三保障"）。按照这一目标要求，中国制定的现行农村贫困标准为扶贫对象"每人每年2300元（2010年价格

[①] 徐琳、樊友凯：《赋权与脱贫：公民权理论视野下的贫困治理》，《学习与实践》2016年第12期。

[②] 张小兰：《基于发展优势的视角对武陵山区脱贫解困的思考》，《理论月刊》2015年第1期。

[③] 许翔宇：《贫困地区农户脱贫的困境与出路：基于农产品供应链的视角》，《农业经济问题》2012年第9期。

[④] 王嘉毅、封清云、张金：《教育与精准扶贫精准脱贫》，《教育研究》2016年第7期。

[⑤] 龚晨：《基于主体视角推进全面脱贫攻坚行动的对策探讨》，《中国发展》2016年第3期。

水平）"。世界银行 2015 年 10 月公布的按照购买力平价计算的国际贫困线标准为 1.9 美元，而此前的标准为每人每天的生活支出为 1.25 美元。[①]

（二）脱贫的测量指标体系

根据 2016 年中共中央办公厅和国务院办公厅发布的《关于建立贫困退出机制的意见》，[②] 贫困村退出以贫困发生率为主要衡量标准，统筹考虑村内基础设施、基本公共服务、产业发展、集体经济收入等综合因素。原则上，贫困村的贫困发生率降至 2% 以下（西部地区降至 3% 以下），在乡镇内公示无异议后，公告退出。贫困人口退出以户为单位，主要衡量标准是该户年人均纯收入稳定超过国家扶贫标准且吃穿不愁，义务教育、基本医疗、住房安全有保障。贫困户退出，由村"两委"组织民主评议后提出，经村"两委"和驻村工作队核实、拟退出贫困户认可，在村内公示无异议后，公告退出，并在建档立卡贫困人口中销号。

二 贫困村脱贫指标与达标情况

根据《广西壮族自治区人民政府办公厅关于进一步明确精准脱贫摘帽标准及认定程序有关问题的通知》（桂政办发〔2016〕83 号）（以下简称《认定有关问题的通

---

① 《世界银行上调国际贫困线标准》，http://news.xinhuanet.com/world/2015-10/05/c_1116739916.htm。

② http://www.scio.gov.cn/xwfbh/xwbfbh/yg/2/Document/1476593/1476593.htm。

知》）①以及《广西壮族自治区人民政府办公厅关于进一步调整精准脱贫摘帽标准及认定程序的通知》（桂政办发〔2017〕41号）（以下简称《认定程序通知》），贫困村脱贫摘帽标准按照"十一有一低于"执行。其中，"十一有"指有特色产业、有住房保障、有基本医疗保障、有义务教育保障、有安全饮水、有路通村屯、有电用、有基本公共服务、有电视看、有村集体经济收入、有好的"两委"班子；"一低于"指贫困发生率低于3%。从有关量化标准看，《认定程序通知》中的有关标准更高。而广福村是2016年脱贫摘帽的，下文将结合这一标准，来分析广福村脱贫摘帽的达标状况。②

（一）有特色产业

《认定有关问题的通知》中的有关标准是：以行政村为单位，有1个（含）以上产业［包括种、养、乡村旅游、农（副）产品加工等，具体产业种类由各县（市、区）根据当地实际情况确定］；除丧失劳动能力或长期外出务工的家庭外，所有贫困户都有1个（含）以上的产业。而在《认定程序通知》中，这一标准更高：以行政村为单位，同时满足以下两项条件：①有1~3个特色产业（在该县确定的2~5个特色产业中选定），且覆盖全村60%以上（含）贫困户（无劳动能力或劳动力长期外出务工的贫困户除外）；②有农民合作社等新型农业经营主体或有产业基地（园）覆盖。

---

① http://www.czfp.gov.cn/upload_files/article/2/1_20161012161006_mojm4.pdf.

② 有关数据是2016年12月底的调查数据。

从广福村 2016 年底的情况看，其特色产业主要是种植杉木、金槐、油茶、罗汉果和砂糖橘[①] 等经济林与养殖生猪和肉牛。在特色种植发展方面，金槐和油茶是两种主推的种植作物。具体来看，全村种植金槐的农户有 388 户，占全村农户的 76.83%，共计种植 436 亩，户均种植约 1.12 亩。其中，贫困种植户 63 户，建档立卡贫困户中除一户没种植外，其他贫困户都有种植，种植面积为 127 亩，占全村金槐种植面积的 29.13%，户均种植 2.02 亩；油茶种植户有 350 户，占全村农户的 69.31%，总种植面积为 392 亩，户均种植 1.12 亩。其中，贫困种植户 55 户，占建档立卡贫困户的 59.64%，种植面积为 109 亩，占全村油茶种植面积的 27.81%，户均种植 1.98 亩。可见，广福村的特色种植产业虽然规模小，特别是户均规模很小，但已开始有了发展，且得益于政府和村委在这方面对贫困户的扶持，60% 以上贫困户都参与种植，且其户均种植面积高于全村平均水平 77%。

在特色养殖方面，为提高贫困户的收入水平和发展能力，当地对贫困户开展养殖给予补贴。在当地政府和村委的推动下，2016 年广福村有 51 户贫困户根据自家的实际情况发展了不同类型的养殖，占建档立卡贫困户的 79.69%。其中，养牛户 4 户，共养殖 4 头；养猪户 7 户，共养殖 29 头；养鸡、鸭户 40 户，共养殖 1207 羽。同时，村内目前有养猪大户 2 户、养牛大户 1 户。

总体上看，尽管发展规模还很小，但广福村已有 1~3

---

① 其中罗汉果和砂糖橘为农户个体层面的大规模种植。

个特色产业，并覆盖全村 60% 以上（含）贫困户，且在养殖方面有养殖大户这样的新型农业经营主体来带动，即使按 2017 年《认定程序通知》中的有关标准，广福村在"有特色产业"方面也已达标。

（二）有住房保障

《认定有关问题的通知》这方面的有关标准是：行政村内 95%（含）以上农户有砖混或砖木或土木或木质结构的住房，房屋主体稳固安全，无倒塌危险，人均住房面积 13 平方米（含）以上（包括厅堂、厨房、卫生间等生活附属房屋的面积）；新建且已完成工程量 50%（含）以上、半年内可以完工的，视为有住房；属于易地扶贫搬迁的贫困户，以县（市、区）人民政府确定的搬迁安置房及面积为准。而《认定程序通知》中的有关标准明显更高，有砖混或砖木或土木或木质结构的住房农户比例上升至 98%，且要求房屋主体稳固安全，属新建住房（含危旧房改造）的，还要达到入住基本条件（安装好门、窗等）；易地扶贫搬迁户，属集中安置的，房屋质量合格并达到入住基本条件（安装好水、电、门、窗等），且已正式交付钥匙；属分散安置的，房屋质量合格并已搬迁入住。

从广福村 2016 年底的情况看，全部村民都有房居住，有稳固住房的农户占比为 100%，房屋主要为砖混或砖木结构，个别农户的房屋为土木结构；且所有贫困户的人均住房面积超过 13 平方米；该村不存在易地扶贫搬迁户。

综合来看，即使按 2017 年《认定程序通知》中的有关标准，广福村在"有住房保障"方面已达标。

（三）有基本医疗保障

《认定有关问题的通知》要求行政村内 95%（含）以上农村居民参加新型农村合作医疗保险或城镇居民基本医疗保险，《认定程序通知》中的有关标准更高，且要求更广，除将参保率提高到 98% 以上（含）（商业保险也计算在内）外，还增加了以下两条标准：①贫困人口患病（含慢性病、地方病等大病）就医能得到有效治疗，医疗费在政策规定范围内能得到补助报销，能看得上病、看得起病；②医疗救助政策得到有效落实。

从广福村 2016 年底的情况看，该村参加城乡居民基本医疗保险的村民所占比例已达 99%。

（四）有义务教育保障

《认定有关问题的通知》这方面的要求是：适龄未成年人可以接受义务教育，没有因贫辍学的适龄未成年人（因重度残疾、精神病或重大疾病等不能正常上学的除外）；有完善的农村留守儿童关爱措施。《认定程序通知》中除与第一条基本一致外，还要求教育扶贫政策得到有效落实。

从广福村 2016 年底的情况看，村内适龄未成年人全部享有义务教育保障，贫困户的在读子女能享受教育扶贫政策的补助，且获得了 5000 元和 2000 元"雨露计划"补助的建档立卡贫困户各有 2 户。由于广福村近半数（48.95%）

外出务工，村庄的留守儿童较多。对此，为更好地开展关爱留守儿童工作，广福村委采取了以下主要工作措施：成立了关爱工程领导小组，建立健全领导负责制度，实施了"留守儿童"教育工作方案；建立了"留守儿童之家"并设立了"亲情电话"；实施教职工结对帮扶留守儿童制度；营造关爱"留守儿童"氛围；大力宣传，发动社会力量；建立留守儿童档案和联系卡制度；组织丰富多彩的关爱活动。可见，广福村在"有义务教育保障"方面已达标。

（五）有饮用水（安全饮水）

《认定有关问题的通知》中的相关标准是：行政村内95%（含）以上农户通过打井、建水柜、建水窖、引用山泉水、使用自来水等方式解决饮水问题。《认定程序通知》中的这一标准更高，要求行政村内98%以上（含）农户解决饮水问题且达到安全用水标准。

从广福村2016年底的情况看，广福村有饮用水且达到安全用水标准的农户占比达100%。其中，除桐木冲、掌家田、烟山里这3个自然村外，其他自然村全部都实现了自来水入户，饮用水源集中供应自来水比例达80%，使用净化处理自来水的农户有395户，占71.82%。未实现自来水入户的3个自然村村民通过引山泉水或打井获得饮用水，水质经检验，均符合安全标准。

（六）有路通村屯

《认定有关问题的通知》中的标准是：行政村村委会

或行政村中心学校所在地就近连接上级路网或其他乡镇，通行政村的道路达到硬化（沥青/水泥）要求，原则上路基宽 4.5 米（含）以上、路面宽 3.5 米（含）以上。而《认定程序通知》将路基宽、路面宽标准提高到 6.5 米和 3.5 米，且要求"20 户以上（含）的自然村（屯）通砂石路以上（含）的路，路面宽度不小于 3.5 米，机动车能通行"。

2016 年，广福村村委会或行政村中心学校所在地就近连接上级路网或其他乡镇，道路已经基本修好并完成硬化。2013 年，主道修建完毕；2014 年主要修自然村（屯）道，2014 年前后村庄道路基本修好。2015~2016 年，村庄道路完成了硬化；2016 年，唯一没有硬化道路的信田村也全部修好了通往村委的村道。2011~2016 年，广福村建成村道 12.1 公里。目前，广福村仅个别自然村的道路已修好而未完全硬化，但达到有关标准，机动车能通行。

（七）有电用

《认定有关问题的通知》要求行政村内 95%（含）以上农户家中接通生活用电。而《认定程序通知》将这一比例提高到 98% 以上（含）。从广福村的情况看，所有农户都接通了生活用电，不存在未通电的情况。

（八）有基本公共服务

《认定有关问题的通知》要求行政村村委会有办公场

所、宣传栏；行政村内有卫生室；行政村内有篮球场，或文化室（农家书屋），或戏台等；行政村村委会所在地或行政村中心学校通有线或无线网络宽带。《认定程序通知》中除上述有关规定外，还要求：城乡居民养老保险参保率90%以上（含），60周岁以上（含）参保老年人100%享受养老保险待遇；符合当地农村低保条件的贫困户纳入农村低保范围；且卫生室应为标准化卫生室。

从广福村的情况看，村委会有办公场所、宣传栏、篮球场、农家书屋和戏台，其中，村委办公室建于2012年，建筑面积200平方米；卫生室建于2013年，有医务人员2名，建筑面积70平方米；且村庄已经通了有线或无线网络宽带。广福村2016年有低保户43户、低保人口142人，符合当地农村低保条件的贫困户纳入农村低保范围；同时，有405户1119人参加了社会养老保险，参保农户占80.2%，养老保险参保率达到68.5%。可见，广福村已达到《认定有关问题的通知》中有关要求，即使按2017年《认定程序通知》的标准，也基本达到。

（九）有电视看

《认定有关问题的通知》要求行政村内95%（含）以上农户能收看中央或广西电视频道，了解党和国家方针政策、新闻信息。而《认定程序通知》中的标准明显提高，要求行政村内98%以上（含）农户有电视机或电脑或智能手机，能收看中央和广西电视频道或上网。

广福村依然有18户（3.56%）农户没有电视机，但所有有电视机的农户都有电视看。能收看到中央电视频道和广西电视频道的农户，可以了解中央和自治区的方针政策、新闻信息。

（十）有村集体经济收入

《认定有关问题的通知》在这方面的标准是：具备下列条件之一的视为达标：行政村有集体企业、土地租赁、场地（铺面）租赁、农林牧渔或其他集体经济收入；在1个（含）以上农村经济合作组织或扶贫合作组织或其他经济组织有股份权益，按股分红；有其他收入。《认定程序通知》的标准明显提高，且指标有了明显量化标准：①行政村有村民合作社，依托村级集体所有的资源、资产和资金，采取自主经营、合作经营、入股、租赁、劳务服务等形式，获得稳定的收入；②2017年村集体经济收入达2万元以上（含）并逐年提高，到2020年达5万元以上（含）。

广福村2016年脱贫摘帽时的情况是：村庄虽然没有集体企业，无集体企业经营收入，但村集体对外出租山林地50亩，有土地租赁收入。按照《认定有关问题的通知》的标准，广福村在这方面已基本达标。

（十一）有好的"两委"班子

在这方面，《认定有关问题的通知》和《认定程序通知》的有关标准一致，即行政村"两委"班子能较好地履行职责，较好地完成脱贫攻坚任务。没有自治区党委组织部《关于印发〈关于推行农村基层党组织"星级化"管理的方案〉的通知》（桂组通字〔2016〕32号）中所列举软弱涣散村党组织的12种情形，或者已经整顿到位。

广福村"两委"班子健全，有村书记、村主任、村委副主任、团支部书记、妇女主任、两位村委委员和2位村党委委员，平均年龄51岁，文化程度主要为高中及以上，有2位党委成员交叉任职村主任和副主任，绝大部分"两委"成员仅任职一届。"两委"班子能较好地履行职责，较好地完成脱贫攻坚任务。

（十二）贫困发生率低于3%

3%是国家规定的贫困村脱贫摘帽的贫困发生率标准。截至2016年底，广福村贫困户还剩10户，贫困发生率为1.56%；截至2017年8月底，广福村贫困户还剩8户，贫困发生率低于2%，而广福村目前已经脱贫的人中，未出现返贫情况。

综合上述分析，通过实施精准扶贫项目和措施，广福村在上述方面都达标了，达到了脱贫摘帽的要求。村委宣

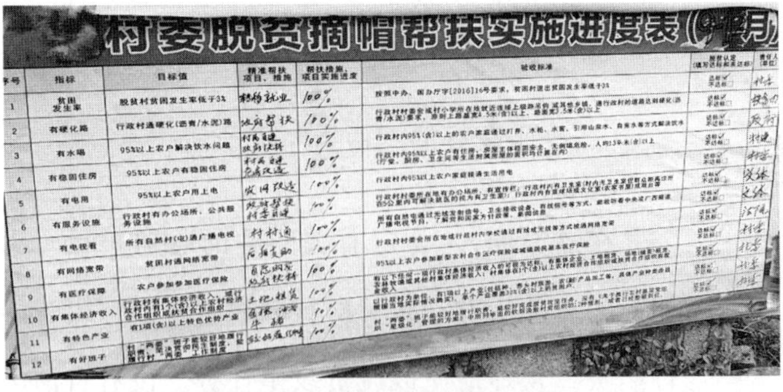

图5-1 脱贫摘帽帮扶实施进度表
（陈秋红拍摄，2016年12月）

传栏的脱贫摘帽帮扶实施进度表（见图 5-1）也直观地体现了这一点。

三 贫困户脱贫指标与达标情况

根据《认定有关问题的通知》以及《认定程序通知》，贫困户脱贫摘帽标准按照"八有一超"执行。"八有"指有稳定收入来源且吃穿不愁、有住房保障、有基本医疗保障、有义务教育保障、有安全饮水、有路通村屯、有电用、有电视看；"一超"指年人均纯收入稳定超过国家扶贫标准。

2016 年，广福村贫困户共 64 户，根据全州县大西江镇广福村 2016 年贫困户脱贫名册表，广福村 2016 年脱贫 54 户，全部达到规定的"八有一超"的标准。对于"八有"后面 7 方面的内容在前文已有讨论，不再赘述。这里主要分析广福村脱贫户"有稳定收入来源且吃穿不愁"以及"一超"方面的状况。

在"有稳定收入来源且吃穿不愁"方面，《认定有关问题的通知》"有稳定收入来源"方面的相关规定是"有劳动能力的家庭，具备下列条件之一的视为达标：①人均耕地 0.5 亩（含）以上；②人均山林地 1 亩（含）以上；③有经营场地（铺面）等稳定的资产性收入；④有养殖收入；⑤家庭成员中有外出务工半年以上或自主创业有收入能解决生产生活的；⑥有其他收入。或享受最低生活保障政策，有最低生活保障，视为达标"。

从广福村脱贫户的情况看，2016 年脱贫户的主要收入来源是务工、养殖以及低保，其中，外出务工是脱贫户的主要收入来源，2016 年凭借外出务工脱贫（包括同时进行种植、养殖与获得低保收入）的脱贫户共有 47 户之多，占 87.04%。可见，尽管当地采取了推动发展特色种植和养殖的措施，但在促使贫困户脱贫方面的效果还不明显，培育村庄内生动力和农民可持续发展能力的措施，例如培育和发展特色产业，在促进农民增收效果方面具有长期性，这些措施不是立竿见影的。不过，这些措施还是起到了一定作用。通过种植和养殖（包括同时进行务工与获得低保收入）的脱贫户有 12 户，占 22.22%。

表 5-1 2016 年广福村脱贫户收入来源概况

单位：户，%

收入来源	户数	比例
务工	32	59.26
务工、种植和养殖	11	20.37
低保与务工	3	5.56
低保、种植和养殖	1	1.85
低保	6	11.11
补贴	1	1.85
合计	54	100

资料来源：课题组的调查。

在"一超"方面，《认定有关问题的通知》中的有关标准是：家庭当年人均纯收入超过国家现行扶贫标准（2010 年 2300 元不变价）。家庭年人均纯收入 =〔经营性收入＋工资性收入（劳务收入）＋财产性收入＋政策性收入（转移性收入）＋其他收入－生产经营费用支出］／家庭人口数。而《认定程序通知》对此有更严格的规定：在规定家庭年人均纯收入超过国家现行扶贫标准时，强调"稳定超过"，且对不同类型贫困户的脱贫方式给予了要求：有劳动能力的贫困家庭，主要通过发展产业或就业增收脱贫；完全或部分丧失劳动能力、生活自理能力的家庭，可将稳定获得的 A 类或 B 类低保金等转移性收入计入家庭纯收入。

从广福村脱贫户"一超"方面的情况看，根据 54 户脱贫户 2016 年的人均收入情况（见表 5-2），所有脱贫户的人均收入都超过 3000 元，其中，2016 年人均收入超过 5000 元的脱贫户有 39 户，占 72.22%；超过 9000 元的脱贫户有 19 户，占 35.19%；还有 3 户（5% 以上）脱贫户的人均收入超过 15000 元。可见，脱贫户在当年都达到"一超"标准，部分甚至远远超过这一标准。

表5-2　2016 年广福村脱贫户人均收入概况

单位：户，%

人均收入水平（I）	户数	比例
3000 元 < I ≤ 5000 元	15	27.78
5000 元 < I ≤ 7000 元	14	25.93
7000 元 < I ≤ 9000 元	6	11.11
9000 元 < I ≤ 15000 元	16	29.63
I > 15000 元	3	5.56
合计	54	100

资料来源：课题组的调查。

第二节　脱贫认定与脱贫指标的分配

《中共中央国务院关于打赢脱贫攻坚战的决定》[①]要求，"市（地）党委和政府要做好上下衔接、域内协调、督促检查工作，把精力集中在贫困县如期摘帽上。县级党委和政府承担主体责任，书记和县长是第一责任人，做好进度安排、项目落地、资金使用、人力调配、推进实施等工作。要层层签订脱贫攻坚责任书。省（自治区、直辖市）党委和政府要向市（地）、县（市）、乡镇提出要求，层层落实责任制"。在责任层层落实的同时，贫困户脱贫摘帽指标也由上而下层层分配，而贫困户脱贫摘帽认定则由下而上层层认定。

一　脱贫认定

贫困户脱贫摘帽认定程序包括入户核验、村级评议、乡镇审核公示、县级审定公告、设区市和自治区备案5步程序，自下而上逐级认定。贫困村脱贫摘帽认定则按照乡镇初验上报、县级审核公示、市级复核审定、自治区抽查反馈、市级公告退出5步程序开展。这一过程需要各级政府逐步推进。

《认定程序通知》还规定，"各县要及时组织更新扶贫信息系统的相关信息，确保贫困户、贫困村信息在村、乡

① http://www.gov.cn/gongbao/content/2015/content_2978250.htm.

镇、县三级扶贫信息系统完全对接，并在规定时间内与设区市和自治区扶贫大数据平台衔接，实行动态管理，建立完善贫困户、贫困村脱贫摘帽档案。自治区扶贫办要根据贫困县脱贫摘帽情况，及时更新相关扶贫信息，并进行后续跟踪，巩固脱贫摘帽成果"。

从上述规定可以看出，在管理层面，贫困户和贫困村脱贫摘帽认定是一个层层落实责任、精细化管理的过程。从广福村贫困户和贫困村脱贫摘帽认定看，有关过程严格遵照《认定程序通知》规定的程序开展。尽管如此，各地区脱贫摘帽的认定过程依然存在不少问题。例如，存在脱贫指标、扶贫效果数字化的情况[①]，可能会出现精确而不准确的数据[②]，要警惕数字层面和指标层面的脱贫[③]。再如，当前的脱贫指标较为单一，贫困和脱贫的多维度评价应得到重视[④]。

二 实践中的脱贫指标分配

从广福村的脱贫指标分配实践过程看，每一年的脱贫目标由广西壮族自治区下达给桂林市，桂林市再将指标分配至全州县，全州县再根据当年全县贫困人口和贫困村分

① 王雨磊：《数字下乡：农村精准扶贫中的技术治理》，《社会学研究》2016年第6期。

② 李小云：《精准扶贫应警惕五大问题》，《领导科学》2016年第13期。

③ 吕方、梅琳：《"复杂政策"与国家治理——基于国家连片开发扶贫项目的讨论》，《社会学研究》2017a年第3期。

④ 贺立龙、左泽、罗樱浦：《以多维度贫困测度法落实精准扶贫识别与施策——对贵州省50个贫困县的考察》，《经济纵横》2016年第7期。

布和脱贫摘帽实际情况来统筹安排部署，给各乡镇下达脱贫任务。县级相关部门会给每个乡镇一定的脱贫指标，乡镇再向村委传达，村委向乡镇上报预脱贫户名单，双方根据脱贫指标按贫困户的困难程度确定脱贫户与保留困难户，共同商定脱贫名单。

以 2017 年全州县脱贫指标的分配过程为例，全州县上级政府将脱贫指标分配给全州县——实现贫困人口 10600 人脱贫，全州县根据各乡镇的实际情况再将这一脱贫指标分配给各个乡镇，分配给大西江镇的脱贫人口为 762 人，大西江镇根据各村实际情况，将这一指标分解到各村。

表 5-3　研究区域 2016 年脱贫完成情况与 2017 年脱贫计划

区域	2016 年脱贫户（人）数	2017 年预计脱贫摘帽贫困村和贫困人口
全州县	3492 户，11995 人	16 个贫困村脱贫摘帽，10600 人
大西江镇	255 户，913 人	1 个贫困村脱贫摘帽，762 人
广福村	54 户	已脱贫摘帽，2017 年计划未下达，2018 年剩余贫困户需全部脱贫

资料来源：课题组对全州县扶贫办、大西江镇扶贫办的调查。

脱贫指标在从上级政府向下级政府分配的过程中，还具有一定的强制性特点，指标分配通常以"命令"形式向下传达，而下一级主体则处于相对被动的位置，而村委在面对乡镇政府时则更为被动。

无论是贫困户脱不脱贫，还是多少贫困户脱贫，都成了具有强制性特点的任务，成了有调节空间和能灵活变动的事情。哪些贫困户脱贫、保留多少贫困户主要是下达指标的结果，作为扶贫对象和脱贫主体的贫困户却在是不是脱贫这一方面基本上处于被动状态。脱贫认定利益相关者中，政府占主导、农民主体性不足是基层一些地区实际没能脱贫的重要原因。

第三节　利益相关者对脱贫的理解和评价

一　利益相关者对当地脱贫状况的不同理解和评价

（一）县政府相关工作人员

1. 对脱贫的理解

首先，脱贫是一个系统的问题，不能仅依靠县政府。县政府相关工作人员认为，县政府对脱贫攻坚投入了巨大的人力、物力，但是，精准扶贫、脱贫攻坚是一个系统问题，涉及方方面面，脱贫取得成效不能仅仅靠县乡两级政府、村委会和贫困户本身，还要有银行、企业、慈善机构等的参与和支持。任何贫困户、贫困村的脱贫摘帽与社会各界的支持息息相关。

其次，发展产业对脱贫有重大作用，但推动的困难太大，且主要来自村民本身。在县政府相关工作人员看来，没有产业的支撑便难以脱贫，但是，产业扶贫实践却面临重重困难。在他们的观念中，这些困难主要来自村民本身，贫困人口践行产业脱贫的意愿较低，不愿配合到产业扶贫的每一项工作中，很多工作还有流于形式的情况。并且，一些贫困户由于缺乏劳动力或受教育水平低等，他们自身也缺乏发展产业的能力。在这方面，县政府相关工作人员这么说：

> 他们贫困户对产业发展的积极性来讲，据我们调查，我们局'一对一'结对帮扶89户，最多六十户左右想要（产业扶持）。其中六十户仅仅种粮食。据我们了解，搞"产业扶贫"的贫困户中，有百分之三十他们是什么都不搞的，他们就是靠政府兜底，既不种田，也不打工，他就是因病或者因为什么其他原因致贫了，就是吃老本。假设他们今天脱了贫，以后返贫概率还是很大的。这是要政府来兜底的，要吃低保的，这是怎么扶也扶不起来的。这是我们了解的情况。还有一部分缺乏劳力，你就是搞一点副业给他，他都不会去科学管理。

> 资料来源：对县政府相关工作人员的访谈。

2. 对当前脱贫中有关问题的看法

对于脱贫户，基于自身工作过程中遇到的经验性问题，县政府相关工作人员认为他们目前出现返贫的可能性很大，想要完全实现脱贫困难重重。主要原因是，当地农户的主要经济来源依然是农业生产，而农业生产抵抗自然风险的能力相对较弱。并且，导致贫困户贫困的因素有很多，不能单靠政策的扶持。

第二个是我们农业问题，抵抗自然灾害的能力比较弱。……因为总是下雨，就像前年的柑子一样，全州的南方蜜橘，几千万的损失，都没有了。……特别像这次7·11洪灾，我们农业方面，受灾比较严重，大部分的基础设施、农田、水稻、橘子，刚刚种下的橘子，水泡一下就坏了，还有一些农产品都坏了，损失比较大。特别是我们一些专业合作社，养鱼的，包括猪厂，都受损了。抵御自然风险的能力比较弱。

资料来源：对县政府相关工作人员的访谈。

县政府相关工作人员还认为，贫困户实现经济脱贫容易，但实现精神脱贫难，因而部分工作人员将贫困归因于贫困户自身。当前，国家对贫困户的扶持政策较为全面、有力，这保障了贫困户基本的生活需求与教育、医疗等多方面的需求，导致部分贫困户的"等、靠、要"思想严重，不愿意主动脱贫，安于现状，不愿意主动争取脱离贫困的机会。并且，农民传统的小农思想也使贫困户不愿放弃其贫困户身份所享有的补助和利益。上述观点从对县政府相关工作人员的以下访谈中可以看出。

你这么多政策给他，他怎么脱不了贫呢？贷款有贷款，帮扶资金我们有帮扶资金，每个人都四年，贷款每个人有五万。现在小孩读书全部免了，伙食有补助。政策方面他（获得的补助就）远远超过 3300 元、3100 元的标准了。

其实我们县里面那些贫困户啊，现在国家的政策很好，各方面我们都宣传到位，执行到位，但是我们有一部分、有一类贫困户他有这个思想——原先讲的，他不想脱贫，"我就想利用国家的政策"，他就等在家里面。我是贫困户的话，要是有主动脱贫的想法，想办法去主动脱贫，那个点子、想法（都是有的）。

一句话说，"脱了贫了，（政府）你就没有钱给我了"。

就是这么简单。好像争当贫困户，以贫困户为荣，原先就是这种情况。

资料来源：对县政府相关工作人员的访谈。

（二）乡镇政府相关工作人员

1. 对脱贫的理解

乡镇政府是扶贫脱贫相关政策的具体执行者。在脱贫过程中，乡镇政府层面特别是"一对一"扶贫帮扶者会按照"八有一超"的标准，一项一项为村民解决具体的脱贫问题。例如，根据实际情况鼓励村民外出务工或介绍工作以使其获得稳定的收入，让每一个贫困户都能够达到规定的脱贫标准。

乡镇脱贫，那有"八有一超"，我们要对照这个

"八有一超"看他缺什么？比如我帮扶的那个贫困户，就是要买房子。他们家里大多数人都健康，可就是缺房子。可是房子没有了的话，就不能脱贫。我就成天动员他去申报一个危房改造或移民搬迁，我跟他说了好几次。后来他说他不愿意去了，他说去那里干什么的话，就脱贫解决了，可他就是不去。没办法，现在就是叫他去建房子，他现在也准备建了，我们主要对照那个"八有一超"，这个"一超"很难说清楚，但这个"八有"我们一定要把它解决掉。

资料来源：对乡镇政府相关工作人员的访谈。

相比于县政府相关工作人员，乡镇政府相关工作人员在脱贫帮扶中会更考虑贫困户在脱贫中的实际需要，会更考虑贫困户的获得感。他们认为家庭人均收入每年3100元这个脱贫标准相对容易达到，较困难的是老百姓需要在脱贫过程中体会到脱贫过程对自己生活所起的作用，真正挖掘自身的力量。

2. 对当前脱贫中有关问题的看法

与县政府相关工作人员的观点稍有不同，乡镇政府相关工作人员认为，产业脱贫的效果差，在脱贫过程中会遇到诸多困难，因此，需要考虑当地和贫困户的具体实际情况。从对被访者T和F的访谈中，可以看出，当前的产业扶贫只对部分不能出去打工却有一定劳动能力的人有作用，乡镇政府只能起引导作用，其具体落实还需要有企业的带动与贫困户个体的参与。而且，在产业扶贫的过程中,乡镇与村庄会遇到很多不可预知的困难。从目前的情况看,贫困人口的脱贫依然需要个体外出务工。

> 被访者F:"主要还是要有龙头企业带动才有用,不然就没有用的。产业扶贫对有一些劳动能力的人是有点作用的。对于没有劳动能力的人是没有作用的。如果他亏本的话,根本脱不了贫。"

> 被访者T:"有那个政策扶持肯定好喽,不可能每个人都叫他去打工喽,因为身体呀年纪大一点喽,必须在家里面。我们就动员他搞一些种养啊。虽然赚不了大钱,但是政府还是有扶持的呀,也亏不了的。还要脱贫,面临着很多现实(问题),给我们贫困户,这条件,一个是睡在床上的人(指身体不健康),你怎么让他去创业呢。"

> 资料来源:对乡镇政府相关工作人员的访谈。

对于脱贫过程中的诸多问题,由贫困户个人原因造成的贫困基本无解决对策,对不愿改变现状的贫困户也无能为力。根据大西江镇政府的入户调查结果,50%以上的贫困户不想参与种养扶贫项目,认为存在的主要问题是:政府补贴项目资金太少,不能脱贫,补得少,不划算,养殖会影响其外出务工。此外,贫困户残疾、患慢性病的贫困人口多,在家多是老弱病残,缺少劳动力的状况也使贫困户难以参与种养扶贫项目。乡镇政府相关工作人员还认为,当地目前贫困治理中存在的共同问题是人多地少,很难发展生产，一些贫困户还存在"等、靠、要"的思想，主动发展生产的意识弱。

（三）村干部

1. 对脱贫的看法

在村干部看来，目前的政策帮扶措施对脱贫的作用大，但是，这种脱贫依然是国家划定标准视角的脱贫，要真正实现脱贫还是需要依靠贫困户自身。对于脱贫过程中遇到的困难和出现的问题，村委会向乡镇政府汇报和报告，以谋求进一步的解决。同时，除了政府规定采取的措施外，村委还会根据实际情况，寻求适合村庄现状的具体解决办法。

对于脱贫，村委既具有被动性，又有一定主动性。乡镇政府向村里分配脱贫指标，村委需要配合乡镇政府的工作，村干部认为"规定了，因此不能脱也得脱"。但是，在具体的操作中，为了达成脱贫目标，村干部则需要"自己想办法"。

2. 对当前脱贫中有关问题的看法

相比于县政府与乡镇政府相关工作人员，村干部大多并不将脱贫存在的困难归因到村民个人身上。村干部认为，实现真正脱贫的难度很大，这受制于村庄的具体条件，村庄资源基础弱、地处偏僻等使广福村自身难以发展产业，广福村实现真正意义上的脱贫将是一个长期的过程。

今年就要脱贫，但给我们十年时间也脱不了贫，因为就是这个状态。要脱贫，必须要有产业。如果分山入户之前我们是贫困村就好了，这样我们就能很容易发展集体经济。比如说这一整块山都承包给别人种什么产业就好了。但现在，满山都是树不可能叫他们砍了，然后再种什么产业的。群众也不同意，这也就是一个困难了。……我们这里没有能力，发展不起来。

资料来源：对广福村村干部的访谈。

（四）村民对脱贫的理解

从对村民的访谈资料看，对于脱贫，广福村村民有如下认知。

（1）对相关政策和脱贫状况不了解，基本处于被动状态。不管是已经脱贫的脱贫户还是未脱贫的贫困户，他们对扶贫政策都不了解，日常信息的获得主要依赖与村干部的沟通。在扶贫政策的落实过程中，村民的参与程度低。已脱贫的村民不知自己是否真的脱贫，处于被告知脱贫的状态。以下是调查员对脱贫者 SHY 的访谈：

问：脱贫的时候是需要达到"八有一超"，您知道吗？

答：我不知道什么是"八有一超"。

问：那脱贫就是村委那边和您说一声吗？

答：就和我说一声，我也没问他（为什么）脱贫了。

问：那他们说您脱贫了，那您觉得您真的脱贫了吗？

答：我也不知道。

问：那您觉得您家还是贫困，还是生活好一点了？

答：生活好一点了，但还是不好，感觉还是和原来一样。

资料来源：对已脱贫者SHY的访谈。

（2）认为脱贫前后生活状况的改善小，却希望自家是贫困户。相当一部分已脱贫者认为"脱贫"前后生活状况改变不大。从对已脱贫者SHY和SHX的访谈资料看，贫困户普遍不在意自己是贫困户的身份，因为特别贫困时能有低保政策等兜底。所以，两个被访脱贫者都希望自己还没有脱贫，希望自家还是贫困户。可见，心态上仍将自身定位为贫困户或有这方面希冀是脱贫者的常见心态，这是"扶贫难扶志"的重要体现。不过，他们认为，评上贫困户所带来的补贴增加了收入，但并未达到他们期待的目标。

答：我希望没有脱贫。

问：再享受一下扶贫政策，对不对？

答：就是这样喽。看收入的话，也算是到这个标准了。

资料来源：对已脱贫者SHY的访谈。

答：他不是上面下来，要脱贫嘛，其实收入并没有改善多少。

问：那您找过村委问过吗？

答：自己心里也清楚，别人更贫困，就算了吧。

问：脱贫了之后，你觉得你自己还是贫困户？

答：我觉得还是。我也希望自己还是，补助一点，我们就轻松一点，脱贫了之后没有这些了，也没有办法呀。公家没有了，也没办法了。

问：生活会更艰辛一点吧？

答：苦一点，我们也没有办法哦。肯定没有那么舒服了。

资料来源：对已脱贫者SHX的访谈。

（3）几乎所有的被访贫困户（无论是否已脱贫）都将扶贫看成是外在的给予，且将未来生活的改善寄希望于外出务工或孩子有出息等其他途径。对于广福村几乎所有的贫困户而言，不管是已脱贫者还是未脱贫者，他们都将扶贫所带来的帮扶利益看成是一种给予，自己是被给予者，"有"与"无"只是是否能获取补贴、是否能够享受部分优惠政策（例如"雨露计划"）的区别。对于未来生活改善途径，他们依然寄希望于自己外出打工或孩子将来有出息。

（4）非贫困户对现有相关扶贫政策的脱贫效果持不乐观态度。访谈资料（见下文）显示，一部分非贫困户认为，有稳定的收入才算是真正地脱离贫困，国家的补助并不能帮助贫困户真正摆脱贫困，还需要有来自贫困户自身的努力与贫困者个人能力的提高。贫困者个人的努力，再加上国家的扶持，才能真正扭转生活的困境，才能让贫困者真正体会到生活境遇的改善和生活幸福感的提高。如果受制于个人能力例如生病或伤残，则难以真正摆脱贫困，这种情况需要政府给予脱贫补贴之外的投入。

"就靠国家那点补助怎么脱贫啊？不能搞点事情出来。扶贫就给他们搞点事咯，要不然给他找工作，要不然他找点事情，补贴那点给他吃饭呢？那不叫扶贫，那叫养贫。没有收入来源，就靠那一点补贴，不行，自己做才算，做了点什么出来才有收入，才有成果。"

资料来源：对非贫困户户主 JZL 的访谈。

问：政府给的这些扶贫措施对贫困户有什么帮助吗？

答：经济收入提高是提高了，但如果他自己身体不好、不能做，提高这些也没有用。

问：现在您对村里脱贫的情况了解吗？

答：脱了贫，但是照样穷，没有事情做，照样穷。如果给他一点事情做，有固定的收入，他才能够脱贫。

问：上面帮助他们搞养殖种植呀！

答：钱给的太少了，如果多给点他才能做事，现在养头牛都要四五千，随便养养都要万把块，要有几万块才能正常弄，没有经济来源也不会弄。

资料来源：对非贫困户户主 JCS 的访谈。

（五）小结

从上述对县政府相关工作人员、乡镇政府相关工作人员、村干部以及村民自身（包括贫困户、脱贫户和非贫困户）四个层面的讨论中，可以看出，他们都看到了实际脱贫的困难。就产业脱贫而言，县政府十分注重其作用，强调严格落实；乡镇政府则强调产业脱贫在操作上的困难；村委则较少提及产业脱贫，多从村庄所面临的具体问题与难度上来看待；村民对产业脱贫的理解则更多从自身出发，简单将其理解为"国家所给的2000元补贴"。村干部和村民都更希望能够引进龙头企业从而带动村庄经济的发展。

对于真正实现脱贫存在困难的成因，县政府相关工作人员多将其归因于部分村民不够勤劳、不思上进，但是乡镇层面和村干部层面则未见有此种态度，他们对村民有着更多"同情"性的理解，认为这是其固有的生活方式。村民们对脱贫的理解多从生计需要与对未来生活的想象出发，虽然难以明晰地说清如何做到脱贫，但无论是脱贫户还是非贫困户都认为目前的扶贫措施对贫困户摆脱贫困有帮助。

二 各利益相关者有关认知差异的尝试性解释

造成各利益相关者在脱贫中形成上述认知和评价差异的原因可能有以下几个方面。

1. 脱贫中各利益相关者扮演着不同角色

成为群体成员将影响个体看待问题的方式，人们更易从群体资格的角度来界定自我，依照自己所在群体的规范体系来形成认知。各利益相关者对脱贫中有关问题理解的不同缘于各自在其中扮演着不同角色：县级政府需要落实上级政府的政策要求并指导下一级开展具体的实际操作；而乡镇政府和村干部，尤其是村干部是具体问题的解决者；村民则仅是接受者、被动参与者和受影响者，没有太多的主动性。

2. 脱贫中利益相关者的责任存在差异

中国政府各层级组织制度的特点是，中央政府制定统一规划和指标，地方各级政府在此基础上细化指标，基层政府尤其是乡镇政府具体操作、执行。上下级政府之间存在委托—代理关系[①]。而在具体的执行中，乡、村两级治理主体执行政令的情况取决于上级控制力和下级自主性之间的张力，虽然某些上级政府特别重视的政令能在相当程度上下达基层，但乡、村两级治理主体往往更倾向于重视那些与本位利益直接相关的工作，并常会有选择地忽视那些上级重视程度不高、不易考核和难以直接带来本位利益的工作[②]。从前文对案例村庄的分析中，可以看到，从县至乡再至村，政策的操作越来越精细化与具体化，因此，县级、乡级与村级治理主体均有着自己的运作规则。县政府

① 艾云：《上下级政府间"考核检查"与"应对"过程的组织学分析——以 A 县"计划生育"年终考核为例》，《社会》2011 年第 3 期。
② 陶郁、侯麟科、刘明兴：《张弛有别：上级控制力、下级自主性和农村基层政令执行》，《社会》2016 年第 5 期。

对问题的把握相对于乡镇与村庄层面相对宏观与具有主导性，但同时也会主动谋求自身发展的资源。

3.脱贫过程中利益相关者的规范有所不同

县政府和乡镇政府相关工作人员的行为受法律、政策、行政规范等的影响，需要依照章程办事，其行动逻辑需要符合国家的治理逻辑。在脱贫过程中，县政府和乡镇政府相关工作人员需要考虑正式的制度约束和需要承担的责任。而农民除受法律政策的影响外，对于自身生活与政策的感知更多地受乡土社会中熟人网络以及长期形成的潜移默化的地方规则的影响，他们考虑问题与具体实施政策会从乡土社会现实和自己的体验出发。

4.脱贫中利益相关者的行动出发点不同

村干部作为村庄共同体的一员和村民一样对政策的评判主要来自政策对其生活具体影响的感知，但是，与村民不一样的是，村干部还期望能为村庄谋求政策福利；县政府和乡镇政府相关工作人员需要完成上级下达的任务，相较于村干部与村民将脱贫看作是提高自身生活水平的福利政策不同，他们还带有工作责任、政绩考量等方面的考虑。

第六章

村庄贫困治理中存在的问题与对策建议

第一节　从利益相关者视角评价广福村的贫困治理状况

　　基于前面几章的分析，可以看出，通过在村庄层面加强道路、饮水工程建设和电网改造等，在农户层面通过推动特色产业发展、开展危房改造、给予扶贫小额信贷支持、进行教育扶贫和结对帮扶等，广福村的贫困治理状况在精准扶贫政策实施以来取得了较明显的效果，特别是在村庄基础设施建设和教育、医疗、养老等公共服务改善方面，且绝大部分贫困户的收入也有了提高，按照收入标准实现了脱贫。

　　在基层农村社会贫困对象识别、贫困扶助和脱贫认定这一系列过程中，包括县级政府、乡镇政府、村庄自治组织（村两委）和村干部、村民等在内的利益相关者对扶贫治理相关方面形成了不同的认知和评价，基于不同的行动逻辑承担着不同角色，并内在地体现着彼此之间的摩擦：县、乡镇之间体现了财权管理者与事权承担者间的摩擦，县、村之间表现出资源分配者与资源竞取者的摩擦，政府与村民之间有着政策制定者与政策接受者的摩擦，面临着双重行动逻辑的村干部则承受着同时作为政府代理人与村庄当家人的摩擦。

在村庄贫困对象识别、贫困扶助和脱贫认定的整个过程中，县、乡政府无疑起着主导作用，会将其利益导向内嵌于当地具体的贫困治理政策；作为贫困治理场域——村庄的村民自治性组织，基于"政策—利益"评估机制，体现着积极争取与消极执行之间的行动调适；作为贫困治理对象的贫困户基于自利理性逻辑，虽然对于部分扶贫项目有一定主动性，体现了一定程度的参与，但大部分仍为被动接受者，主体意识不强，内在发展能力不足。

总体上看，广福村贫困治理中不同利益相关者间的摩擦影响着扶贫效果以及贫困群体主观福祉的提高。有必要厘清村庄贫困治理尤其是利益相关者有关方面存在的主要问题，采取针对性策略推进村庄贫困治理。

第二节　广福村贫困治理中存在的问题

结合前文内容，综合来看，广福村贫困治理中主要存在以下几方面问题。

一　不同利益相关者间的关系失调

在第四章中，本文着重探讨了扶贫过程中不同利益相关者的摩擦对扶贫成效的影响。可以看到，在扶贫政策执行过程中，不同利益相关者可能表现出不同的利益取向。当各自的利益取向不能实现对接时，政策就有可能发生扭曲和走样。可以说，不同利益相关者间的关系失调是扶贫过程中的一个重要问题。如果这个问题得不到妥善解决，扶贫成效将受到影响。其中，两个最重要的关系失调的体现如下。

（一）县乡之间财政关系失衡

这一关系的失衡从财税制改革以来就一直存在。20世纪 90 年代开展财税改革以后，国家的税收汲取能力和宏观经济调控能力都得到增强[1]，但在财权上移、事权不变甚至增加的结构下，地方政府尤其是基层政府陷入财政危机，同时也带来了基层政府公共服务能力的弱化和农民负担的

---

[1]　周飞舟：《财政资金的专项化及其问题兼论项目治国》，《社会》2012 年第 1 期。

加重。为了解决这些问题，从 2002 年开始，国家对基层财政体制进行了重要改革，即"对经济欠发达、财政收入规模较小的乡，其财政支出可由县财政统筹安排，以保障其合理的财政支出需要"。简而言之，就是"乡财县管"[1]。"乡财县管"自实施以来，有力地遏制了乡镇债务蔓延，规范了县乡财政关系，又保障了基层政权的有效运转，维护了乡村社会稳定。据统计，截至 2011 年底，全国实行"乡财县管"的乡镇有 2.93 万个，约占全国乡镇总数的 86.1%。[2] 从理论上看，"乡财县管"遵循了财权和事权统一的原则。但是，它依然没有缓解集权和分权的内部张力。尽管"乡财县管"达成了破解乡镇政府财政困境的目标，进一步巩固了农村税费改革成果，却制约了乡镇政府财政预算的自主性和灵活性，也削弱了乡级政府为辖区内居民提供公共产品和服务的自主能力。同时，乡镇政府的财权上交县级政府管理，但其事权没有减少，反而通过层层传递而有一定增加，最后仍导致乡镇政府财权和事权不匹配。在这种情况下，乡镇政府表现出很强的"财政自利"倾向。同时，作为"独立法人"的县级政府也同样有"财政自利"倾向[3]。在财政资源不充足的情况下，两者会出现利益上的博弈和对财政项目的争夺。扶贫项目中县乡之间争利状况只是这种困境的表现之一，如果不从根本上划分好县乡之间

---

[1] 杨发祥、马流辉：《"乡财县管"：制度设计与体制悖论——一个财政社会学的分析视角》，《学习与实践》2012 年第 8 期。

[2] 《省直管县和乡财县管改革情况》，http://www.mof.gov.cn/zhuantihuigu/czjbqk2011/cztz2011/201208/t20120831_679730.html。

[3] 李一花：《"财政自利"与"财政立宪"研究》，《当代财经》2005 年第 9 期。

的财权和事权，理顺县乡之间的财政关系，不仅扶贫项目会遭遇挫折，其他项目也会如此。可以说，理顺扶贫过程中县乡财政关系，是开展扶贫项目的基础工作。

（二）扶贫措施供给与贫困户需求之间关系失调

前文已经讨论到，政府试图通过发展产业让贫困户致富脱贫，但是，有关政策措施与贫困户背后的利益取向、目标追求、家庭条件、经济结构等的适应性不足。同时，前文也证明了政府所制定的政策内容并不是完全缺乏合理性的。那么，政府与贫困户之间关系失调的症结何在？经过分析，笔者发现，问题的症结在于这一产业扶贫行动中缺乏市场主体的参与。

首先，政府可以用行政方式组织生产，却无法通过行政方式控制市场变化。具体而言，在发展产业方面，在政绩考核压力下，政府只能影响农户的生产层面，而无法提供市场保护，其结果是使单个的贫困户直接面对千变万化的市场。一旦市场波动，"扶贫"就有可能变成"劫贫"。但是，如果政府在推动村庄农业产业发展的同时考虑好农产品销售问题，例如积极从外部引入相关企业，解决农村品加工销售问题，形成稳定市场，就能对接上贫困户的利益取向，让贫困户从中受益。

其次，发展产业只是扶贫方式之一，并不是目标，政府在扶贫中需要为贫困户提供更多政策性措施选择。发展产业的根本目的是增加农民收入，使农民具有自我发展能力，而农民实现持续、稳定的收入增长需结合自身情况，寻求多种增收方式。在小农社会化的趋势下，发展产业不一定适合每一户贫困户，例如，对于急需货币收入而劳动力又充足的贫困户，帮助贫困人口进入工厂或去企业打工可能更为适合。如果在推进传统农业产业发展的同时，采取措施帮助贫困人口在县城或乡镇实现本地就业或为其外出就业提供帮扶，或提供更多的扶助措施选择，那么，贫困人口就能得到更具针对性的帮扶而无须被动甚至不得不接受统一而又难以解决其家庭脱贫根本问题的扶持措施。

不管采取哪一种扶贫措施，要协调扶贫措施供给与贫困户需求之间的关系，都应遵循市场规律，更好地利用市场机制的作用，增强农民的自主性。在广福村的扶贫实践中，市场因素基本没有发挥作用，没能在政府扶助和贫困户自主生产活动的摩擦中发挥调和与润滑作用。而只有在政府、市场、农户之间形成良好的互动机制，产业发展相关政策才能真正实现落地，实现扶贫目标。

二 扶贫主体单一

贫困治理是一个需要多元主体参与的过程，除了政府主导外，还需重视发挥贫困人口的主体性，并鼓励社会层面其他力量积极参与其中。2014 年 12 月，国务院办公厅专门印发《关于进一步动员社会各方面力量参与扶贫开发的意见》，该意见指出"为打好新时期扶贫攻坚战，应进一步动员社会各方面力量参与扶贫开发"。① 具体而言，在坚持政府引导下，充分发挥各类市场主体、社会组织和社会各界的作用，包括民营企业、社会团体、基金会、民办非企业单位等各类组织以及个人的作用。在扶贫过程中，各级政府无疑应起主导作用，但是，仅靠政府的力量远远不够。扶贫是要将扶贫对象（人、村庄甚至地区）从贫困状态中摆脱出来，涉及面非常广，政府不可能面面俱到。多元主体参与能够改变政府主导的单向度自上而下的扶贫运作模式，弥补政府功能的不足。例如，在产业扶贫中，理想的模式是：龙头企业、农村经济合作组织以及农户等与政府结成平等的互动合作关系，成为相互依赖的利益主体；其中，龙头企业作为市场的主要构成，具有搜集信息、开拓市场、引导生产、经销产品、提供市场服务等多种功能，能将千家万户的小农生产与千变万化的市场连接起来，提高贫困农户的收入水平；农村经济合作组织的重要功能是将农民从分散的"原子化状态"引导到规范的"组织化状态"，让农民逐渐学会通过组织化渠道理性地表达自身要求和解决问题②；村民（贫困户）需要积极参与，在协调与其他主体的行动中体现其主体性。如果不同主体，各安其位，各施其能，进行良性互动，扶贫工作必定能取得良好效果。

然而，从广福村的扶贫实践来看，扶贫参与主体过于

① http://www.gov.cn/zhengce/content/2014-12/04/content_9289.htm.

② 胡振光、向德平：《参与式治理视角下产业扶贫的发展瓶颈及完善路径》，《学习与实践》2014年第4期。

单一。首先，只有政府这种单一的行政性组织忙于其中，"政府在苦干，群众在闲看"。例如，在广福村推动畜禽养殖发展的过程中，只有政府和村干部不断劝说贫困户发展养殖，根本没有相关企业参与其中。其次，没有出现大户和村庄能人带动贫困户脱贫致富的情况。事实上，广福村并不缺少大户和能人，据了解，全镇的首富就是广福村人，他在桂林市有 3 家企业，年总纳税额超过上亿元，在当地很有影响力。广福村 75 盏太阳能路灯由他捐资修建，但是他并没有发挥更多带领贫困户脱贫致富的作用。事实上，他本人也有这样的意愿，不过是身处乡土社会，很多事情处理起来比较复杂。如果基层政府在扶贫实践中能为村里的热心人士构建协商机制，使其发挥引导作用，将能有效发挥大户和村庄能人的带动作用。

总体上看，广福村的扶贫力量过于单薄，缺少其他社会力量支持，是现阶段广福村贫困治理实践没能明显有所突破的主要原因。其他社会力量在贫困治理实践中参与的缺失，直接导致脱贫户发展后劲不足，一旦相关扶持资源撤出，贫困户很容易返贫。

三 实现内生发展的资源与机制缺乏

这主要体现在以下三个方面。

（一）土地碎片化

土地分散在西部山区农村是一个非常普遍的现象，它既有地理方面的原因，也有制度上的原因。从自然因素看，广福村的田地分布在山区丘陵上，受地形限制十分明显，自然呈现狭、小、不连片的特征。从制度因素看，土地制度是土地碎片化的重要原因。改革开放以来，中国农村实行土地承包经营制。土地承包制是在不改变农村土地集体所有性质和必须满足所有农村人口均等分配土地需求的严格约束下的制度创新，因而不可避免地带来土地分散、零碎经营的情况[①]。具体而言，最初以人口均分土地的方式形成了超小型的小块土地经营格局。广福村一直以来的做法是：将水田和林地划分不同等级，再按照地块等级平均分配土地。近年来，随着土地确权的完成，农民的土地承包权和经营权意识进一步强化。理论上而言，土地确权使土地产权不断明晰化，有利于推进土地流转。不过，这也要受地形条件、交通便利情况、家庭的承包地面积以及个人的主要从业领域、特殊技能、在外务工或经商时间等不同因素的影响[②]。广福村地处偏远山区，土地价值很低，人均土地面积又很少，对于那些在村的农民，如果把土地流转出去，就没有了粮食来源，生活负担加重。因此，对于生计脆弱的农户，他们不太可能转出土地。另外，广福村的林地分到户以后，村民各自经营，已经全部种上了经济林木，也不太可能流转形成连片区。受以上多方面因素的影响，广福村的土地难以集中，呈现碎片化状态。

---

① 郭晓鸣:《中国农村土地制度改革：需求、困境与发展态势》,《中国农村经济》2011 年第 4 期。

② 丁玲、钟涨宝:《农村土地承包经营权确权对土地流转的影响研究——来自湖北省土地确权的实证》,《农业现代化研究》2017 年第 3 期。

（二）难以吸引外部投资进入

由于地处偏僻，广福村所在的县在整个广西壮族自治区处于资源劣势，按照全州县相关负责人的说法，全州县比其他国家级贫困县（与全州县的发展水平相近）每年所获得的财政支持要少很多。由于缺乏资金，整个县的发展受限。全州县尚且如此，地理位置偏僻的广福村就更是如此。当前，广福村的集体收入主要依靠财政转移支付，而财政转移支付数额有限，广福村不具有发展集体经济的资金基础。

在村庄缺乏优势资源和良好经济传统的情况下，靠农民自主经营（缺乏资金的投入和抵抗市场风险的能力），很难形成一定的产业规模，只能依靠外部资源的帮助。吸引外部农业投资是发展村庄经济和带动农户增收的重要方式。正如马九杰所指出的，在有政策并进行合理监管的情况下，城市工商资本下乡，到农村发展种养业，可以增加农业与农村发展需要的资金，是对农村资金外流的一个纠正，有助于现代农业的发展和农业供应链升级；城市企业家能够带来现代农业的经营理念和方法；在开办农业企业过程中，可能参与或带动农业基础设施的改善；发展企业化经营的种养业和农业服务业，通过建立与农户的密切联系机制，还可以带动农户发展[1]。这种联系机制，不管是以"企业＋农户"的方式，还是以提供就业岗位的方式，都

---

① 马九杰：《"资本下乡"需要政策引导与准入监管》，《中国党政干部论坛》2013年第3期。

能带动农民获益。因此，在扶贫过程中，通过企业投资的方式来发展村庄产业，帮助村庄形成内在发展能力和贫困户致富脱贫，是一种非常普遍和有效的方式。

不过，尽管外部资本进入对村庄发展和农民脱贫具有重要推进作用，但往往对村庄的地理位置、资源禀赋、土地规模、村民支持等有着较高要求，如果村庄的条件与外部企业的经营追求不符合，就很难吸引到投资。广福村地处偏僻，没有可利用的独特资源禀赋，唯一可以利用的资源就是土地。目前，广福村很多村民希望能有一个龙头企业在当地投资发展进而带动当地经济和村民就业。乡镇政府和村干部为了发展村庄经济，试图引进一些企业来村庄发展种植业。但由于村庄土地太分散，无法满足企业对土地连片的规模要求，始终没有吸引到企业和外部资本进村投资。对于这一情况，村书记这么说：

> 问：乡政府有没有跟你们说过引进投资的想法呢？
>
> 答：他们是说过的，但我们这的条件很差，是搞不起来的。谁来弄呢？外面是可以引进老板的投资，但我们这里叫老板来投资，投资到哪里呢？比如像XT（自然）村，在刚分山入户的时候，我们是贫困村就好了，就能把一整块山都承包给别人种。但现在全部分地到户了，满山都是树，不可能叫他们砍了，然后再种什么产业的。首先，群众不同意，这就是一个困难了。后面，乡政府后来也来看了。准备把所有的田都拉在一起，但有些人想种一点，自己吃，也没法集中连片。

问：有几个老板来看过吗？

答：当时是有好几个老板来看过的。有些老板知道我的电话就直接过来，叫我带他们看一下这里的地。那些老板当时是想种沃柑，橘子，规模至少在100亩以上。可我们没有集中连片的土地呀。

资料来源：对广福村村书记的访谈。

（三）缺乏村庄能人的引领

村庄能人的存在对村庄的发展起着积极推动作用，他们在村庄崛起中承担着村庄代理人的角色。改革开放以来，村庄精英结构出现了多元化趋势，处于承上启下中介地位，扮演着村庄权力结构主导角色[1]。村庄能人在村庄内部能动员村集体成员，并且正确决策；在外部有广泛的社会联系，能凝聚资源。广福村和中国绝大多数村庄一样面临着留守村庄的能人缺失问题，村庄发展缺乏积极的引领者。村干部都忙于工作，在知识技能、市场化意识方面也有所欠缺，难以在第一时间快速获知市场信息、政府扶贫和村庄发展相关政策信息；村民中成年劳动力大量外流，留守村庄的多为老年人和妇女，外流的能人不愿返回村庄。村庄能人缺失使村庄难以引进资源以及发掘自身资源，由于缺乏村庄能人的引领，广福村村民只能主要依靠外出务工。

---

[1] 张扬金：《村治实现方式视域下的能人治村类型与现实选择》，《学海》2017年第4期。

（四）村民的组织化程度较低

在土地不可能大规模集中的情况下，提高村民特别是贫困人口的组织化程度，有利于提高小规模种植和养殖的效率，是产业扶贫的关键。发展农民合作社，是培育市场竞争主体、解决小生产与大市场之间矛盾的有效途径，也是提高农民组织化程度、推进农业产业化进程的根本方式。[①] 从广福村的情况看，广福村村民的组织化程度低，广福村正在筹建的合作社看似是村里的合作经济组织，其实也是政府指导村委成立的，且只是空有名头，并没有实质内容，不能算作真正的合作社，并没能在推进农业产业化、增加农民收入、维护农民利益等方面发挥作用。由于组织化程度较低，贫困人口在贫困治理过程中难以与其他利益相关者进行平等的协商，这也是贫困人口在贫困治理中参与不足、主动性不强的一个重要原因。

第三节　进一步的发展策略

基于前文的分析，从利益相关者视角要解决广福村贫困治理中存在的问题，可以考虑从以下几方面入手。

[①] 《农民合作社推动农业产业化发展的作用》，http://www.chinareform.org.cn/Economy/Agriculture/Practice/201301/t20130116_159365.htm。

一 构建和完善贫困治理利益相关者的沟通与协调机制

完善的精准扶贫体系离不开政府、市场、社会与贫困人口之间的互动与合作。贫困治理中很多问题的出现与各相关利益者之间没有一个畅通的沟通渠道有关，县政府和乡镇政府虽然一直将脱贫攻坚工作摆在十分重要的位置，但是，基层的具体需求却不能很好地向上反映或者在向上反映过程中"变味"了。各利益主体需要进一步畅通沟通，需要进一步协调目标与责任，加强互动和协调，以"恰到好处"地解决脱贫过程中出现的各种问题。

在具体的操作中，驻村干部在贫困治理利益相关者的沟通与协调中发挥着非常重要的作用。第一书记等驻村干部的专业知识、组织实施能力、协调沟通能力、价值认同度、脱贫责任感和职位特征都会对脱贫效果产生影响[1]。因村派人，提高驻村干部与受帮扶村之间的精准匹配度，有利于发挥驻村干部胜任力对贫困村脱贫的作用。

同时，"一对一"帮扶人的角色也应得到更大程度的重视。帮扶人多为体制内的工作人员，他们在专业知识、信息获得、社会联系、了解相关法规政策等方面具有较大优势，负责任的帮扶人会与被帮扶者形成良性互动关系。虽然在实践中，有的帮扶人只是"来填个表，问两句就走人"，但是，也不乏与被帮扶者频繁互动的帮扶人。好的帮扶人可以很好地反映基层贫困人口的诉求并为其带来一

---

[1] 卢冲、庄天慧:《精准匹配视角下驻村干部胜任力与贫困村脱贫成效研究》,《南京农业大学学报》(社会科学版) 2016 年第 5 期。

定的社会资源。因而，有必要完善帮扶人与被帮扶者之间的沟通机制，强化直接沟通和帮扶机制的作用。

贫困治理中各利益相关者之间形成良好的沟通与协调要经过一个长期而复杂的过程，需要回应各相关主体的需要，更需要构建和完善相关机制，以降低利益相关者在贫困治理中的摩擦成本，实现彼此调适行动的效率最大化。

二 以市场思维和市场机制推进贫困治理

产业发展和村庄发展依赖市场机制的有效运行，市场主体的参与不足、外部投资缺乏以及村庄内生发展机制没能有效得以构建的主要原因是市场机制没能在其中充分发挥作用。应以市场思维和市场机制推进贫困治理，在聚集、整合并利用扶贫资源的过程中积极将市场主体引入其中，发挥贫困地区市场机制的作用。第一，完善市场体系，运用市场手段筹资，采取土地增减挂钩、建立农村产权交易平台、引进龙头企业等措施推进土地流转和规模经营，培育和发展特色农业，使村庄形成内生发展动力；第二，建立健全完善的市场基础设施、市场流通体系和市场信息分享预警机制，提升市场力量在脱贫攻坚中的主体作用[①]；第三，在扶贫项目立项和实施等环节引入市场主体，鼓励他们积极承担这方面的社会责任，通过资金、技术、

---

① 檀学文:《完善现行精准扶贫体制机制研究》,《中国农业大学学报》(社会科学版) 2017 年第 5 期。

市场、管理等优势，进行资源开发、产业培育、市场开拓，最终解决扶贫产业发展过程中各种问题；第四，增强扶贫工作人员的市场意识，从而提高精准扶贫资源的配置效率。

三　构建以扶贫对象为主体、多元共治的贫困治理机制

第一，加强扶贫对象个人层面的人力资本积累。人力资本水平的提高体现为受教育程度、劳动技能等的提高，当人力资本提高时，劳动者在市场中的竞争力也就自然能得到提高。这有利于提高贫困对象的内在发展能力。早有学者提出要建立长期的脱贫致富培训制度，实施智力接力工程[①]，虽然目前各级政府也设立了一些针对贫困对象的技能培训项目，但是，村民特别是贫困人口参与培训的积极性并不高。造成这一状况的原因是其投入的经济、时间成本较高，而收入增长预期较低。因此，有必要开办符合村民心理预期与切实可行的培训，使脱贫致富培训更具实用性和针对性，提高村民的参与程度和实践应用程度。另外，有必要为村民在培训后的就业或在产业中的应用提供帮扶，使村民切实体会培训的成效。

第二，发挥乡土社会互助机制在贫困治理中的作用。村规民约既是一个农村社区（一个乡或者一个村）的居民互相劝勉、共同认同的一套伦理规则，也是一套完整的社

[①]　王春光、樊晓艳:《中国少数民族地区跨世纪扶贫战略研究》,《浙江社会科学》2000 年第 4 期。

会保障与社会救济制度^①。这套社会救济制度在村庄精准扶贫中具有重要现实意义，有利于提高扶贫对象识别的精准性，有利于村庄扶贫形成一致行动，有利于凝聚本村在外的企业家（能人）资源，调动乡贤、村庄能人回乡投资，带动村民致富或为贫困户提供合适的工作岗位的主动性和积极性，要善于发挥他们在扶贫济困中的积极作用。

第三，提高村民特别是贫困人口的组织化程度。村庄难以发展，说到底是因为缺乏集体经济，只能依靠农业生产与外出打工。而农业生产受自然因素的影响大，需要应对较大市场风险因素。建立一个适宜的合作机制，提高村民特别是贫困人口的组织化程度，有利于降低交易成本，并抵抗市场带来的巨大风险。但是，在提高组织化程度的过程中，不应用行政方式建立假的农民合作经济组织，而是应该引导农民根据产业发展的需要，尤其发挥种养大户的示范和带动作用，建立符合农民利益的经济合作组织。

第四，将合宜的社会力量与企业力量引进来。针对扶贫主体单一化这一问题，各级政府或村委要从参与观念、平台搭建、制度建设等入手，扩大包括市场主体、社会组织、村庄能人等多元主体参与当地贫困治理实践的机会。其中，企业的引入对于村庄产业的发展至关重要。对于不能外出务工的贫困人口，从其实际需求来说，发展一个合适的当地产业十分必要。调研中，很多村民表示，希望村

---

① 王曙光：《中国农村》，北京大学出版社，2017。

庄可以把企业引进来。"在这边搞一个厂啊。就不用出去打工了，在家里面就可以干活了。"因此，有必要引入合宜的企业力量参与村庄贫困治理和产业扶贫实践。在社会力量方面，虽然从村庄出去的"能人"已对村庄各方面给予了一些扶持，投入村庄的基础设施建设等，但是，其行动依然只体现在物质帮扶层面，未能为村庄发展和村民增收创造内生机制。基层政府和村委在创造条件发掘村庄已有特色资源可开发性的同时，要广泛发动与村庄有关联的合宜社会力量，加强产业培育和开发，形成村庄内生发展机制。

参考文献

艾云:《上下级政府间"考核检查"与"应对"过程的组织学分析——以 A 县"计划生育"年终考核为例》,《社会》2011年第 3 期。

曹宇波:《提高"农民组织化程度"是促农增收的有效途径》,《农业经济》2007 年第 8 期。

陈宏辉:《企业利益相关者的利益要求:理论与实证研究》,经济管理出版社,2004。

陈家建:《项目制与基层政府动员——对社会管理项目化运作的社会学考察》,《中国社会科学》2013 年第 2 期。

陈凌霄:《我国农村扶贫开发政策中的多元执行主体研究》,南京大学硕士学位论文,2017。

陈义媛:《精准扶贫的实践偏离与基层治理困局》,《华南农业大学学报》(社会科学版)2017 年第 6 期。

崔湛钜:《中国产业发展对贫困和收入不平等的影响:基于 SAM 的研究》,中国地质大学博士学位论文,2017。

邓大才:《社会化小农与乡村治理条件的演变——从空间、权威与话语维度考察》,《社会科学》2011 年第 8 期。

邓维杰:《精准扶贫的难点、对策与路径选择》,《农村经济》

2014 年第 6 期。

丁玲、钟涨宝:《农村土地承包经营权确权对土地流转的影响研究——来自湖北省土地确权的实证》,《农业现代化研究》2017 年第 3 期。

冯俊华、张龙:《利益相关者理论的发展与评述》,《科学咨询:决策管理》2009 年第 15 期。

冯猛:《后农业税费时代乡镇政府的项目包装行为——以东北特拉河镇为例》,《社会》2009 年第 4 期。

冯瑛:《贫困定义的演化及对中国贫困问题的思考》,《经济研究导刊》2010 年第 6 期。

付伟、焦长权:《"协调型"政权:项目制运作下的乡(镇)政府》,《社会学研究》2015 年第 2 期。

高飞、向德平:《社会治理视角下精准扶贫的政策启示》,《南京农业大学学报》(社会科学版)2017 年第 4 期。

高瑞、王亚华、陈春良:《劳动力外流与农村公共事务治理》,《中国人口·资源与环境》2016 年第 2 期。

龚晨:《基于主体视角推进全面脱贫攻坚行动的对策探讨》,《中国发展》2016 年第 3 期。

郭晓鸣:《中国农村土地制度改革:需求、困境与发展态势》,《中国农村经济》2011 年第 4 期。

郭欣:《我国扶贫政策执行中影响因素研究》,中央民族大学硕士学位论文,2008。

何旭东:《基于利益相关者理论的工程项目主体行为风险管理研究》,中国矿业大学博士学位论文,2011。

贺立龙、左泽、罗樱浦:《以多维度贫困测度法落实精准扶贫识别与施策——对贵州省 50 个贫困县的考察》,《经济纵横》2016 年第 7 期。

贺雪峰:《贫困的根本与扶贫的欲速不达》,《决策探索月刊》2016 年第 5 期。

贺雪峰:《乡村建设中提高农民组织化程度的思考》,《探索》2017 年第 2 期。

胡建国:《全面建成小康社会背景下精准扶贫实践的难点与对策——基于安徽省安庆市精准扶贫的调查》,《重庆广播电视大学学报》2015 年第 4 期。

胡振光、向德平:《参与式治理视角下产业扶贫的发展瓶颈及完善路径》,《学习与实践》2014 年第 4 期。

黄国勇、张敏、秦波:《社会发展、地理条件与边疆农村贫困》,《中国人口·资源与环境》2014 年第 12 期。

黄宗智:《华北的小农经济与社会变迁》,中华书局,2009。

李博:《遭遇搬迁:精准扶贫视角下扶贫移民搬迁政策执行逻辑的探讨——以陕南王村为例》,《中国农业大学学报》(社会科学版)2016 年第 2 期。

李慧玲、徐妍:《交通基础设施、产业结构与减贫效应研究——基于面板 VAR 模型》,《技术经济与管理研究》2016 年第 8 期。

李鹍、叶兴建:《农村精准扶贫:理论基础与实践情势探析——兼论复合型扶贫治理体系的建构》,《福建行政学院学报》2015 年第 2 期。

李戈:《地方政府自利性引起的公共政策执行偏差问题研究》,华东师范大学硕士学位论文,2009。

李润强:《大力推进"精神扶贫"为贫困地区脱贫攻坚提供精神动力和智力支持》,《社科纵横》2017年第9期。

李石花:《关于精准扶贫实践困境的文献综述》,《现代国企研究》2016年第3期。

李文炜:《农业环境问题的行为基础与治理机制创新》,西南大学硕士学位论文,2012。

李小云:《精准扶贫应警惕五大问题》,《领导科学》2016年第13期。

李小云、唐丽霞、许汉泽:《论我国的扶贫治理:基于扶贫资源瞄准和传递的分析》,《吉林大学社会科学学报》2015年第4期。

李延:《精准扶贫绩效考核机制的现实难点与应对》,《青海社会科学》2016年第3期。

李一花:《"财政自利"与"财政立宪"研究》,《当代财经》2005年第9期。

李侑峰:《试论精准扶贫监测与评估体系的构建》,《齐齐哈尔大学学报》(哲学社会科学版)2016年第10期。

李祖佩:《项目下乡、乡镇政府"自利"与基层治理困境——基于某国家级贫困县的涉农项目运作的实证分析》,《南京农业大学学报》(社会科学版)2014年第5期。

李祖佩:《"新代理人":项目进村中的村治主体研究》,《社会》2016年第3期。

林忠伟:《精准扶贫体制机制创新研究》,《经济与社会发展》2016年第1期。

刘劼、江宇娟:《世行上调国际贫困线标准》,《光明日报》

2015 年 10 月 6 日。

刘司可:《扶贫动态管理和贫困退出中的矛盾及其解决——基于湖北省徐家村贫困户和普通农户的调研分析》,《西部论坛》2017 年第 4 期。

柳建平、张永丽:《劳动力流动对贫困地区农村经济的影响——基于甘肃 10 个贫困村调查资料的分析》,《中国农村观察》2009 年第 3 期。

卢冲、庄天慧:《精准匹配视角下驻村干部胜任力与贫困村脱贫成效研究》,《南京农业大学学报》(社会科学版) 2016 年第 5 期。

陆益龙:《农村劳动力流动及其社会影响——来自皖东 T 村的经验》,《中国人民大学学报》2015 年第 1 期。

吕方、梅琳:《"复杂政策"与国家治理——基于国家连片开发扶贫项目的讨论》,《社会学研究》2017a 年第 3 期。

吕方、梅琳:《"精准扶贫"不是什么?——农村转型视阈下的中国农村贫困治理》,《新视野》2017b 年第 2 期。

马九杰:《"资本下乡"需要政策引导与准入监管》,《中国党政干部论坛》2013 年第 3 期。

马文学、余莲花、孙玉霞:《基于利益相关者理论的林业行政执法绩效评估主体权重研究》,《绿色财会》2011 年第 6 期。

马新文:《阿玛蒂亚·森的权利贫困理论与方法述评》,《国外社会科学》2008 年第 3 期。

农业部经管总站体系与信息处:《2016 年农民专业合作社发展情况》,《农村经营管理》2017 年第 8 期。

曲玮、涂勤、牛叔文等:《自然地理环境的贫困效应检验——自然地理条件对农村贫困影响的实证分析》,《中国农村经济》2012 年第 2 期。

荣敬本、赖海榕:《关于县乡两级政治体制改革的比较研究——从村到乡镇民主制度建设的发展》,《经济社会体制比较》2000 年第 4 期。

阮池茵:《农业产业化发展与凉山彝族农民的贫穷——对凉山州苦荞产业发展的考察》,《开放时代》2017 年第 2 期。

沈红:《中国贫困研究的社会学评述》,《社会学研究》2000 年第 2 期。

谭秋成:《农村政策为什么在执行中容易走样》,《中国农村观察》2008 年第 4 期。

谭英俊:《少数民族地区县级政府扶贫开发政策执行力提升研究——基于广西的调研》,《广西大学学报》(哲学社会科学版)2015 年第 3 期。

檀学文:《完善现行精准扶贫体制机制研究》,《中国农业大学学报》(社会科学版)2017 年第 5 期。

陶郁、侯麟科、刘明兴:《张弛有别:上级控制力、下级自主性和农村基层政令执行》,《社会》2016 年第 5 期。

童玉芬、王海霞:《中国西部少数民族地区人口的贫困原因及其政策启示》,《人口与经济》2006 年第 1 期。

万江红、孙枭雄:《权威缺失:精准扶贫实践困境的一个社会学解释——基于我国中部地区花村的调查》,《华中农业大学学报》(社会科学版)2017 年第 2 期。

汪三贵、郭子豪:《论中国的精准扶贫》,《贵州社会科学》2015 年第 5 期。

汪晓文、何明辉、李玉洁：《基于空间贫困视角的扶贫模式再选择——以甘肃为例》，《甘肃社会科学》2012 年第 6 期。

王春光、樊晓艳：《中国少数民族地区跨世纪扶贫战略研究》，《浙江社会科学》2000 年第 4 期。

王赐江：《基于不满宣泄的集群行为》，华中师范大学博士学位论文，2010。

王汉生、王一鸽：《目标管理责任制：农村基层政权的实践逻辑》，《社会学研究》2009 年第 2 期。

王华丽、孔银焕、朱奎安：《精准扶贫文献综述及其引申》，《重庆社会科学》2017 年第 3 期。

王嘉毅、封清云、张金：《教育与精准扶贫精准脱贫》，《教育研究》2016 年第 7 期。

王曙光：《中国农村》，北京大学出版社，2017。

王树升：《"观念扶贫"是贫困地区解放和发展生产力的治本工程》，《理论与改革》1996 年第 10 期。

王小林：《贫困标准及全球贫困状况》，《经济研究参考》2012 年第 5 期。

王英、单德朋、郑长德：《旅游需求波动、风险管理与非线性减贫效应研究》，《中国人口·资源与环境》2016 年第 6 期。

王雨磊：《数字下乡：农村精准扶贫中的技术治理》，《社会学研究》2016 年第 6 期。

王雨磊：《村干部与实践权力——精准扶贫中的国家基层治理秩序》，《公共行政评论》2017a 年第 3 期。

王雨磊：《精准扶贫何以"瞄不准"？——扶贫政策落地的三重对焦》，《国家行政学院学报》2017b 年第 1 期。

吴雄周、丁建军:《精准扶贫：单维瞄准向多维瞄准的嬗变——兼析湘西州十八洞村扶贫调查》,《湖南社会科学》2015年第6期。

邢成举:《村庄视角的扶贫项目目标偏离与"内卷化"分析》,《江汉学术》2015年第5期。

徐琳、樊友凯:《赋权与脱贫：公民权理论视野下的贫困治理》,《学习与实践》2016年第12期。

徐勇、邓大才:《社会化小农：解释当今农户的一种视角》,《学术月刊》2006年第7期。

徐勇、黄辉祥:《目标责任制：行政主控型的乡村治理及绩效——以河南L乡为个案》,《学海》2002年第1期。

许彩慧:《精准扶贫实施中的难点与对策——基于利益相关者的博弈分析》,《改革与开放》2016年第9期。

许汉泽、李小云:《"精准扶贫"的地方实践困境及乡土逻辑——以云南玉村实地调查为讨论中心》,《河北学刊》2016年第6期。

许翔宇:《贫困地区农户脱贫的困境与出路：基于农产品供应链的视角》,《农业经济问题》2012年第9期。

薛金礼、付海静:《论乡镇政府职能转变需要的外部因素》,《黑河学刊》2013年第10期。

郇建立:《国家政策对农村贫困的影响》,《北京科技大学学报》(社会科学版)2002年第2期。

杨发祥、马流辉:《"乡财县管"：制度设计与体制悖论——一个财政社会学的分析视角》,《学习与实践》2012年第8期。

杨善华、苏红:《从"代理型政权经营者"到"谋利型政权经营者"——向市场经济转型背景下的乡镇政权》,《社会学研究》2002 年第 1 期。

杨龙、李萌:《贫困地区农户的致贫原因与机理——兼论中国的精准扶贫政策》,《华南师范大学学报》(社会科学版)2017 年第 4 期。

叶普万:《贫困概念及其类型研究述评》,《经济学动态》2006 年第 7 期。

叶敏、李宽:《资源下乡、项目制与村庄间分化》,《甘肃行政学院学报》2014 年第 2 期。

詹国辉、张新文:《农村公共服务的项目制供给:主体互动与利益分配》,《长白学刊》2017 年第 2 期。

张国培、庄天慧:《自然灾害对农户贫困脆弱性的影响——基于云南省 2009 年的实证分析》,《四川农业大学学报》2011 年第 1 期。

张小兰:《基于发展优势的视角对武陵山区脱贫解困的思考》,《理论月刊》2015 年第 1 期。

张欣:《精准扶贫中的政策规避问题及其破解》,《理论探索》2017 年第 4 期。

张扬金:《村治实现方式视域下的能人治村类型与现实选择》,《学海》2017 年第 4 期。

赵曼、程翔宇:《劳动力外流对农村家庭贫困的影响研究——基于湖北省四大片区的调查》,《中国人口科学》2016 年第 3 期。

折晓叶、陈婴婴:《项目制的分级运作机制和治理逻辑——对"项目进村"案例的社会学分析》,《中国社会科学》2011 年第 4 期。

钟涨宝、李飞:《插花贫困地区村庄的不同主体在精准扶贫中的心态分析》,《西北农林科技大学学报》(社会科学版) 2017 年第 2 期。

周飞舟:《从汲取型政权到"悬浮型"政权——税费改革对国家与农民关系之影响》,《社会学研究》2006 年第 3 期。

周飞舟:《分税制十年：制度及其影响》,《中国社会科学》2006 年第 6 期。

周飞舟:《财政资金的专项化及其问题兼论项目治国》,《社会》2012 年第 1 期。

周黎安:《行政发包制》,《社会》2014 年第 6 期。

周怡:《贫困研究：结构解释与文化解释的对垒》,《社会学研究》2002 年第 3 期。

朱农:《贫困、不平等和农村非农产业的发展》,《经济学》(季刊) 2005 年第 4 期。

左停、杨雨鑫、钟玲:《精准扶贫：技术靶向、理论解析和现实挑战》,《贵州社会科学》2015 年第 8 期。

L. Bourne, "Paradox of Project Control in a Matrix Organization", Proceedings of the 2004 PMI Australia Conference: PMOZ 2004. Maximising Project Value, Melbourne, Australia, 2005.

W. Briner, C. Hastings and M. Gaddes, *Project Leadership* (Aldershot, UK: Gower, 1996), p.253.

Colin Eden and Frank Ackermann, *Making Strategy: The Journey of Strategic Management*(London: Sage Publications, 1998): p.117.

R. E. Freeman, *Strategic Management: A Stakeholder Perspective* (Boston: Pitman, 1984), p.19.

A. L. Friedman and S. Miles, *Stakeholders Theory and Practice*(UK: Oxford University Press, 2006), p.67.

W. F. Lemon, J. Bowitz and R. Hackney, "Information Systems Project Failure: A Comparative Study of Two Countries," *Journal of Global Information Management,*10, 2(2002), pp.28–39.

Freeman Mark, "Seebohm Rowntree and Secondary Poverty,1899–1954", *Economic History Review,* 64, 4(2011), pp.1175–1194.

Ronald K. Mitchell, Bradley R. Agle and Donna J. Wood, "Toward a Theory of Stakeholder Identification and Salience: Defining the Principle of Whom and What Really Counts", *Academy of Management Review,* 22, 4 (1997), pp.853–888.

参考文献

——

后　记

　　本书是中国社会科学院重大国情调研课题"精准扶贫精准脱贫百村调研"的子课题研究成果。子课题主持人为陈秋红，子课题组成员包括粟后发、李丽萍和王书柏。课题组一共组织了3次调查、5次座谈（县政府座谈1次、乡镇政府座谈2次、村庄座谈2次），对36人进行了专门访谈，形成了十多万字座谈记录和访谈笔记，拍摄了数百张照片。除课题组成员外，参与调查的人员还包括北京大学社会学系本科生易莉萍、刘楠，香港大学硕士生宋鑫淼，中国社会科学院研究生院博士生魏淑媛、硕士生齐云晴，大西江镇井塘小学副校长王书海以及部分过年返乡的在外工作人员，他们在调查过程中不辞辛苦，表现出很强的敬业精神，付出了辛勤劳动。在本书的写作中，陈秋红、粟后发和王书柏作为主要成员，做了大量组织协调工作，并承担了大部分研究报告的撰写和修改工作。此外，北京大学社会学系本科生扈迪参与了第一章的撰写，刘楠参与了第二章的撰写，齐云晴参与了第三章的撰写，魏淑媛参与了第五章的撰写，易莉萍承担了访谈材料整理等工作，清华大学公共管理学院博士生张立为本书部分章节提出了宝贵意见，我们对他们的辛勤工作表示感谢。

在本书付梓之际，我们想向很多人表达感谢！感谢广西壮族自治区全州县人民政府以及大西江镇人民政府给予我们课题组调研工作的大力支持。调查访谈与座谈的顺利开展，得益于全州县委书记林武明、副县长蒋学军、扶贫办主任唐盛兵、环保局副局长唐广和、水产畜牧局副局长钟成、农业局副局长唐曙，以及大西江镇党委书记唐怀林、镇长李桂军等提供的支持和帮助，他们为调查做了大量组织与协调工作。同时，全州县有关部门、大西江镇政府有关工作人员也为我们提供了很多宝贵的资料，在此一并向他们表示衷心感谢！

感谢广福村支部书记蒋桂秀、驻村第一书记倪元碧、村主任蒋昌海、村副主任蒋传荣、村委会委员李春林、村妇女主任蒋德群。他们在百忙之中，不仅带领调研组成员走村串户，为顺利完成农户调查做了大量的组织与协调工作，而且还参与了座谈，提供了很多宝贵资料。感谢他们在联系调研村民、收集数据以及典型访谈过程中给予的大力协助与支持！还要感谢广福村 60 户参与问卷调查的农户和 30 多位参与访谈的村民的积极配合。

特别感谢广福村妇女主任蒋德群及其家人。她不仅为调查开展做了大量协调工作，而且为调研组成员提供了可靠的后勤保障，并提供了很多宝贵信息。由于村庄离乡镇和县城较远，调查人员吃住都在她家，她热情的招待和周到的考虑给予了身处异乡的调查人员家的温暖！这成为调研人员宝贵的美好回忆并值得大家铭记于心。

衷心感谢中国社会科学院农村发展研究所所长魏后凯研究员。他作为本书的审读专家，不仅给予本书较高评价，认为本书"调查深入，逻辑较严密，数据充分，写作规范，文字流畅，下了很大功夫"，而且提出了建设性的修改意见，从而使本书的现实意义和学术价值得到进一步提升。

感谢总课题组在调查协调、研究指导方面给予的支持；感谢中国社会科学院农村发展研究所贫困与福祉研究室主任檀学文，他作为百村调研协调办公室成员在调查方面给予了一定指导；感谢中国社会科学院科研局项目处的闫珺老师，不仅帮忙出具调研介绍信，还不厌其烦地解答有关疑惑；感谢中国社会科学院研究生院博士生、项目助理曲海燕，课题组在调查和研究中遇到问题总是第一时间"骚扰"她，而她总是耐心解答或第一时间帮忙询问；感谢中国社会科学院农村发展研究所科研处彭华处长所做的协调工作。

感谢为本书出版发行付出辛勤劳动的社会科学文献出版社的宋静老师和校对老师。

以一个村庄为基础来研究精准扶贫对我们来说是一次尝试，错误或不当之处恐难避免，请识者不吝赐教。

著者
2019 年 5 月

后记

图书在版编目（CIP）数据

精准扶贫精准脱贫百村调研. 广福村卷：利益相关
者视角的分析 / 陈秋红, 粟后发, 王书柏著. -- 北京：
社会科学文献出版社, 2020.6
　ISBN 978-7-5201-5096-5

　Ⅰ.①精…　Ⅱ.①陈…②粟…③王…　Ⅲ.①农村 -
扶贫 - 调查报告 - 全州县　Ⅳ.①F323.8

中国版本图书馆CIP数据核字（2019）第124908号

· 精准扶贫精准脱贫百村调研丛书 ·

精准扶贫精准脱贫百村调研·广福村卷
　　——利益相关者视角的分析

著　　者 / 陈秋红　粟后发　王书柏

出 版 人 / 谢寿光
组稿编辑 / 邓泳红　陈　颖
责任编辑 / 宋　静

出　　版 / 社会科学文献出版社·皮书出版分社（010）59367127
　　　　　　地址：北京市北三环中路甲29号院华龙大厦　邮编：100029
　　　　　　网址：www.ssap.com.cn
发　　行 / 市场营销中心（010）59367081　59367083
印　　装 / 三河市尚艺印装有限公司

规　　格 / 开　本：787mm×1092mm 1/16
　　　　　　印　张：15　字　数：148千字
版　　次 / 2020年6月第1版　2020年6月第1次印刷
书　　号 / ISBN 978-7-5201-5096-5
定　　价 / 59.00元